Planejamento Estratégico para Pequenas Empresas

Arnaldo Rosa de Andrade

DOUTOR EM ADMINISTRAÇÃO PELA UNIVERSIDADE POLITÉCNICA
DA CATALUNHA E CONSULTOR DE EMPRESAS

Planejamento Estratégico para Pequenas Empresas

ALTA BOOKS
GRUPO EDITORIAL
Rio de Janeiro, 2023

Planejamento Estratégico para Pequenas Empresas
Copyright © 2019 da Starlin Alta Editora e Consultoria Eireli. ISBN: 978-85-508-0611-2

Todos os direitos estão reservados e protegidos por Lei. Nenhuma parte deste livro, sem autorização prévia por escrito da editora, poderá ser reproduzida ou transmitida. A violação dos Direitos Autorais é crime estabelecido na Lei nº 9.610/98 e com punição de acordo com o artigo 184 do Código Penal.

A editora não se responsabiliza pelo conteúdo da obra, formulada exclusivamente pelo(s) autor(es).

Marcas Registradas: Todos os termos mencionados e reconhecidos como Marca Registrada e/ou Comercial são de responsabilidade de seus proprietários. A editora informa não estar associada a nenhum produto e/ou fornecedor apresentado no livro.

Impresso no Brasil — 1ª Edição, 2019 — Edição revisada conforme o Acordo Ortográfico da Língua Portuguesa de 2009.

Publique seu livro com a Alta Books. Para mais informações envie um e-mail para autoria@altabooks.com.br

Obra disponível para venda corporativa e/ou personalizada. Para mais informações, fale com projetos@altabooks.com.br

Produção Editorial Editora Alta Books **Gerência Editorial** Anderson Vieira	**Produtor Editorial** Juliana de Oliveira Thiê Alves **Assistente Editorial** Thales Silva	**Marketing Editorial** marketing@altabooks.com.br **Editor de Aquisição** José Rugeri j.rugeri@altabooks.com.br	**Vendas Atacado e Varejo** Daniele Fonseca Viviane Paiva comercial@altabooks.com.br	**Ouvidoria** ouvidoria@altabooks.com.br
Equipe Editorial	Adriano Barros Bianca Teodoro Ian Verçosa	Illysabelle Trajano Kelry Oliveira Keyciane Botelho	Larissa Lima Leandro Lacerda Maria de Lourdes Borges	Paulo Gomes Thauan Gomes
Revisão Gramatical Hellen Suzuki Fernanda Lufti	**Layout/Diagramação** Lucia Quaresma	**Capa** Bianca Teodoro		

Erratas e arquivos de apoio: No site da editora relatamos, com a devida correção, qualquer erro encontrado em nossos livros, bem como disponibilizamos arquivos de apoio se aplicáveis à obra em questão.

Acesse o site www.altabooks.com.br e procure pelo título do livro desejado para ter acesso às erratas, aos arquivos de apoio e/ou a outros conteúdos aplicáveis à obra.

Suporte Técnico: A obra é comercializada na forma em que está, sem direito a suporte técnico ou orientação pessoal/exclusiva ao leitor.

A editora não se responsabiliza pela manutenção, atualização e idioma dos sites referidos pelos autores nesta obra.

Dados Internacionais de Catalogação na Publicação (CIP) de acordo com ISBD

A553p	Andrade, Arnaldo Rosa de
	Planejamento Estratégico para Pequenas Empresas / Arnaldo Rosa de Andrade. - Rio de Janeiro : Alta Books, 2019. 224 p. : il. ; 17cm x 24cm.
	Inclui bibliografia, índice e anexo. ISBN: 978-85-508-0611-2
	1. Administração. 2. Planejamento Estratégico. 3. Pequenas Empresas. I. Título.
2019-963	CDD 658.401 CDU 658.011.2

Elaborado por Vagner Rodolfo da Silva - CRB-8/9410

Rua Viúva Cláudio, 291 — Bairro Industrial do Jacaré
CEP: 20.970-031 — Rio de Janeiro (RJ)
Tels.: (21) 3278-8069 / 3278-8419
ALTA BOOKS www.altabooks.com.br — altabooks@altabooks.com.br
GRUPO EDITORIAL www.facebook.com/altabooks — www.instagram.com/altabooks

ASSOCIADO
Câmara Brasileira do Livro

DEDICATÓRIA

Dedico este livro à minha querida filha, Marina, meu maior motivo de orgulho e inspiração.

— Arnaldo

Sobre o Autor

Doutor em Administração pela Universidade Politécnica da Catalunha (UPC): Barcelona – Espanha, é consultor de empresas nas áreas de planejamento estratégico e gestão de processos.

Foi professor em universidades como Universidade Regional de Blumenau (FURB), Universidade Estadual de Maringá (UEM) e Universidade do Sul de Santa Catarina (UNISUL).

AGRADECIMENTOS

Agradeço a todas as pessoas com as quais tive a oportunidade de discutir temas relacionados a este livro.

De uma maneira particular, e com muito carinho, agradeço à minha filha, Marina, e aos meus irmãos, Léo e Lédio, que sempre estiveram dispostos a contribuir com a revisão e melhoria do texto.

Prefácio

O tema planejamento estratégico vem sendo desenvolvido, estudado e aplicado como importante instrumento da administração. Muito se tem escrito e publicado sobre o assunto, mais notadamente para o segmento das grandes organizações. No entanto, poucas são as obras direcionadas às pequenas empresas.

Dessa forma, o presente livro veio suprir uma lacuna na literatura nacional sobre planejamento estratégico para pequenas empresas. Sem dúvida, ajudará estudantes e professores, dos diferentes níveis de ensino, a entenderem o processo de planejamento, bem como os profissionais que lidam com a gestão desse tipo de empresa a diminuírem a improvisação e a informalidade, ao contarem com um instrumento de apoio à gestão com critérios mais racionais e profissionais.

O autor nos brinda com o que há de mais contemporâneo no estado da arte do planejamento estratégico para pequenas empresas, visto que alia nesta obra sua experiência profissional como professor e consultor, tornando-a didática e rica de exemplos que a valorizam ainda mais.

Este livro, portanto, sob a competente autoria de Arnaldo Rosa de Andrade, é uma contribuição para a administração de pequenas empresas, as quais representam e concretizam o espírito empreendedor brasileiro, importante força motriz do desenvolvimento nacional.

— Dra. Maria José Carvalho de Souza Domingues
Professora de cursos de graduação, mestrado e doutorado.

Apresentação

Este livro, de fácil leitura e interpretação, auxilia o dirigente da pequena empresa no desenvolvimento de habilidades para planejar racionalmente e melhorar a competitividade empresarial.

O seu conteúdo apresenta os pontos fundamentais para que o planejamento estratégico possa ser aplicado com sucesso.

O livro demonstra também que o planejamento estratégico não se caracteriza como uma técnica altamente sofisticada e que requer uma equipe especializada e dispendiosa para a sua execução. Pelo contrário, o planejamento estratégico constitui uma atividade acessível às pequenas empresas.

Sumário

Prefácio xi
Apresentação xiii
Introdução xxv

Capítulo 1: O Processo de Planejamento no Contexto da Pequena Empresa 1
    A Operacionalização do Processo de Planejamento Estratégico 9
    Definição do Negócio 10
    Identificação da Missão 10
    Definição da Visão Estratégica 10
        Análise SWOT Parte I: Fatores Internos 10
        Análise SWOT Parte II: Fatores Externos 10
    Posicionamento Estratégico da Organização 10
    Objetivos Estratégicos 11
    Planos de Ação 11

Capítulo 2: Diagnóstico Inicial: Entendendo a Empresa 13
    Caracterização da Empresa 13
    Descrição das Principais Funções/Atividades da Empresa 16

Capítulo 3: Negócio, Missão e Visão Estratégica — 19
Definição do Negócio — 20
Identificação da Missão — 22
Visão Estratégica — 27

Capítulo 4: Análise Swot — Parte I: Fatores Internos — 33
Análise dos Recursos Empresariais — 36
Análise das Capacidades Empresariais — 40
Análise das Áreas Funcionais da Empresa — 46
   A Função do Marketing — 47
   A Função de Produção/Operações — 49
   A Função de Logística/Materiais — 51
   A Função de Recursos Humanos/Gestão de Pessoas — 52
   A Função Financeira — 53
Análise da Cultura e do Clima Organizacional — 55
Pontos Fortes e Pontos Fracos Comuns às Pequenas Empresas — 57

Capítulo 5: Análise Swot — Parte II: Fatores Externos — 61
Ambiente Operacional — 63
   O Modelo das Cinco Forças Competitivas — 64
     (1) Ameaça de ingresso de novos competidores — 65
     (2) Rivalidade entre os competidores existentes — 68
     (3) Ameaças de produtos substitutos — 70
     (4) Poder de negociação dos compradores — 71
     (5) Poder de negociação dos fornecedores — 72
   O Desenvolvimento da Estratégia Competitiva no Contexto da Pequena Empresa — 72
   Além das Cinco Forças Competitivas — 75
Ambiente Geral — 77

Capítulo 6: Posicionamento Estratégico da Empresa — 83
Estratégias de Estabilidade e de Sobrevivência — 84
Estratégias de Crescimento Estável — 85
Estratégias de Crescimento Real — 85
Posicionamento Estratégico, Crescimento e Diversificação — 86
   Crescimento Intensivo — 86
      a. Penetração de mercado — 87
      b. Desenvolvimento de mercado — 87
      c. Desenvolvimento de produto — 88
   Crescimento Integrado — 88
      a. Integração para trás — 88
      b. Integração para frente — 88
      c. Integração horizontal — 89
   Crescimento Diversificado — 89
      a. Diversificação concêntrica — 89
      b. Diversificação horizontal — 89
      c. Diversificação conglomerada — 90

Capítulo 7: A Definição de Objetivos Estratégicos no Contexto da Pequena Empresa — 91
O Processo de Definição de Objetivos Estratégicos — 93
   Marketing/Vendas — 96
   Produção/Operações — 97
   Logística/Materiais — 98
   Recursos Humanos/Gestão de Pessoas — 98
   Finanças — 99

Capítulo 8: Planos de Ação — 101
Planos de Ações por Objetivos — 102
   Formulários – Planejamento Estratégico — 104
Planos de Ações Individuais — 116

Capítulo 9: Organização e Estrutura — 125

Organização na Pequena Empresa — 125
    A Formalização — 126
    Poder e Autoridade — 127
    A Diferenciação e a Integração — 128
    A Centralização e a Descentralização — 130

Tipos de Estrutura Organizacional — 130
    Estrutura Simples — 131
    Estrutura Funcional — 132
    Estrutura Multidivisional e Estrutura Matricial — 132

Departamentalização — 133
    Departamentalização Funcional — 133
    Departamentalização por Produto — 134
    Departamentalização por Cliente — 134
    Departamentalização por Processo — 135
    Departamentalização por Região — 135
    Departamentalização por Projetos — 136

Considerações Finais — 137

Posfácio — 139

Apêndice: Planejamento Estratégico — CBR Balanças — 141

Caracterização da Empresa — 143
    Histórico — 143
    Estrutura Organizacional — 144

Descrição das Principais Atividades da CBR — 144
    Compras — 144
    Controle de Estoque — 145
    Vendas — 145
    Marketing — 146
    Recursos Humanos — 146
    Finanças — 146

Planejamento Estratégico	**146**
Negócio, Missão e Visão Estratégica	146
Análise Interna	147
Pontos Fortes	147
Pontos Fracos	149
Análise Externa	155
Oportunidades	155
Ameaças	156
Posicionamento Estratégico da CBR	160
Objetivos Estratégicos	161
Planos de Ação	161
Referências	**185**
Índice	**191**

Lista Quadros

Quadro 3.1:	Definição do negócio: Visão míope e visão estratégica	21
Quadro 3.2:	Questões para se definir a missão da empresa	25
Quadro 4.1:	Exemplos de capacitações da empresa	42
Quadro 5.1:	Análise comparativa com a concorrência	69
Quadro 5.2:	Análise da atratividade	73
Quadro 7.1:	Objetivos estratégicos da empresa	99
Quadro A-01:	Resumo dos Principais Pontos Fortes e Pontos Fracos	154
Quadro A-02:	Resumo das Principais Ameaças Oportunidades	159
Quadro A-03:	Planos de Ação por Objetivo	162
Quadro A-04:	Planos de Ações Individuais	176

Lista Figuras

Figura 1.1:	Níveis organizacionais	6
Figura 1.2:	Sistema de planejamento empresarial	8
Figura 1.3:	Esquema geral do processo de planejamento estratégico	9
Figura 2.1:	Organograma da empresa têxtil/vestuário	16
Figura 3.1:	Identificação do cliente	24
Figura 4.1:	Análise do ambiente interno das empresas	36
Figura 4.2:	A cadeia de valor	44
Figura 4.3:	Exemplo de criação de valor para o cliente	46
Figura 4.4:	Cultura e clima organizacional	56
Figura 5.1:	Ambiente externo das empresas	63
Figura 5.2:	As cinco forças competitivas do setor industrial	64
Figura 7.1:	O processo de fixação de objetivos estratégicos	96
Figura 8.1:	Formulário para o desenvolvimento de planos de ação por objetivo	102
Figura 8.2:	Formulário para o desenvolvimento de planos de ações individuais	116
Figura 9.1:	Estrutura simples	131
Figura 9.2:	Estrutura funcional	132
Figura 9.3:	Departamentalização funcional	134

Figura 9.4:	Departamentalização por produto	134
Figura 9.5:	Departamentalização por cliente	135
Figura 9.6:	Departamentalização por processo	135
Figura 9.7:	Departamentalização por região	136
Figura 9.8:	Departamentalização por projeto	136

Introdução

O ambiente em que as empresas operam tem se caracterizado pelas mudanças rápidas e pela intensificação da concorrência. Esse clima de incertezas tem levado os dirigentes a aumentarem os esforços para mantê-las em posições proveitosas e sustentáveis no mercado.

A improvisação e a informalidade vêm cedendo lugar para a utilização de instrumentos de gestão capazes de apoiar eficazmente a atividade empresarial, tal como o planejamento estratégico.

Neste contexto, em que se torna necessário responder com rapidez e efetividade às exigências por decisões racionais, apresenta-se neste livro uma proposta de planejamento estratégico adequado às pequenas empresas.

O conteúdo inicial desta obra destaca a necessidade de administrar as empresas utilizando instrumentos de gestão eficazes, destacando a importância do planejamento estratégico.

O **Capítulo 1** discute o conceito e o contexto do planejamento nas pequenas empresas, e proporciona uma visão geral sobre os passos necessários para o desenvolvimento de um processo de planejamento estratégico.

O **Capítulo 2** apresenta o diagnóstico inicial, que constitui o ponto de partida para que se possa obter as informações necessárias para permitir a realização de intervenções na empresa.

O **Capítulo 3** trata de questões sobre a definição do negócio, da missão e da visão estratégica da empresa.

Os **Capítulos 4** e **5** abordam a análise SWOT — *Strengths, Weaknesses, Opportunities e Threats* (Pontos Fortes, Pontos Fracos, Oportunidades e Ameaças). O Capítulo 4 trata dos fatores internos da empresa, destacando os pontos fortes e fracos comuns às pequenas empresas. Quanto ao Capítulo 5, ele trata da análise do ambiente externo e do processo de identificação de oportunidades e ameaças.

O **Capítulo 6** versa sobre a definição do posicionamento estratégico da empresa, o qual deverá orientar a definição de objetivos e o seu desdobramento em planos de ação.

O **Capítulo 7** trata da definição de objetivos estratégicos no contexto da pequena empresa.

O **Capítulo 8** desdobra os objetivos estratégicos em planos de ação (mais detalhados e específicos).

O **Capítulo 9** versa sobre organização e estrutura, que se caracterizam como fundamentais para a implementação do processo de planejamento estratégico na empresa.

1

O Processo de Planejamento no Contexto da Pequena Empresa

O Conceito e o Contexto do Planejamento na Pequena Empresa

É comum os pequenos empresários acreditarem que o planejamento constitui uma atividade altamente complexa, com um elevado custo de implementação e, consequentemente, acessível apenas às grandes empresas. A realidade, entretanto, é muito diferente.

Na verdade, o planejamento constitui uma atividade inerente ao ser humano. Isto é, mesmo que de maneira informal, cada um de nós desenvolve diariamente pelo menos um processo de planejamento. Por exemplo, para sair de casa pela manhã para ir trabalhar, costumamos "dar uma espiada pela janela" para ver como está o tempo, e assim escolher a roupa de acordo. Em seguida, em função das informações obtidas com esse diagnóstico, decidimos a roupa que devemos vestir. O passo seguinte a essa decisão é a ação, isto é, vamos vestir a roupa e sair de casa para cumprir nosso objetivo (ir ao trabalho).

Enquanto caminhamos para o nosso destino, muitas vezes pensamos alguma coisa como: "Ainda bem que eu trouxe a minha jaqueta, pois o tempo está ficando mais frio."

Esse exemplo, ainda que muito simples, constitui um processo de planejamento composto por diferentes etapas: (1) objetivo: ir ao trabalho; (2) diagnóstico: espiar pela janela para obter informações sobre o tempo; (3) decisão: escolher a roupa em função do diagnóstico realizado; (4) ação: vestir a roupa e sair rumo ao trabalho; (5) avaliação: comentar consigo mesmo sobre a escolha correta ou não da roupa que está usando.

No caso das pequenas empresas, acontece algo que se assemelha a esse exemplo, uma vez que, mesmo sendo informal, elas desenvolvem processos de planejamento, geralmente, constituídos por etapas, tais como:

a. **Definição de objetivos**: As pequenas empresas, ainda que não o façam por escrito, deveriam ter seus objetivos muito claros. Todo empresário deveria saber o que quer em termos de faturamento, lucro, participação no mercado, crescimento futuro etc.

b. **Diagnóstico**: Para facilitar o alcance desses objetivos, os dirigentes das empresas deveriam "ficar de olho" nas manobras dos concorrentes, procurar obter informações com os clientes, com os fornecedores etc., para tomar decisões mais acertadamente.

c. **Decisão/ação**: Em função das informações que obtêm no dia a dia, os empresários podem desenvolver suas estratégias para manter a fidelidade dos clientes, enfrentar a concorrência e continuar ocupando seu lugar no mercado.

Essas etapas, ainda que sejam desenvolvidas de uma maneira informal, constituem um processo de planejamento. Essa informalidade, entretanto, pode causar dificuldades gerenciais aos dirigentes da empresa. Na medida em que o volume de negócios aumenta, torna-se necessária a adoção de um processo de planejamento formal para a empresa não "perder fôlego" diante a concorrência.

Sobre esse tema, Sobral e Peci[1] comentam:

> Apesar de sua relevância para a administração, o planejamento nem sempre é formalizado em documentos escritos. Principalmente em organizações pequenas, é comum existir um tipo de planejamento informal. Essa forma de planejamento é caracterizada por uma definição vaga dos objetivos. Além disso, não se apresenta na forma escrita e pode ser altamente mutável.

---

[1] SOBRAL, Filipe; PECI, Alketa. **Administração**: Teoria e Prática no Contexto Brasileiro. São Paulo: Pearson Education do Brasil, 2013, p. 196.

Nesse mesmo sentido, Longenecker, Moore e Petty[2] explanam:

> A maioria dos proprietários e gerentes de pequenas empresas tem um plano, em alguma extensão. Entretanto, a quantidade de planejamento é tipicamente muito menor do que o ideal. O pouco planejamento que existe também tende a ser limitado e assistemático — lidando com a quantidade de estoque que deve ser comprada, se deve-se comprar um novo equipamento e outras questões desse tipo. Circunstâncias específicas afetam o grau em que o planejamento formal é necessário, mas a maioria dos negócios pode funcionar mais lucrativamente, aumentando seu planejamento e tornando-o mais sistemático.

Essas afirmações evidenciam a necessidade das empresas de planejar racionalmente para lidar com as incertezas e facilitar o alcance dos objetivos pretendidos. O planejamento, de acordo com Thompson Jr. e Strickland III[3], indica o rumo da organização, seus objetivos de desempenho de curto e de longo prazo, bem com as mudanças competitivas e as abordagens de ação interna que devem ser usadas para atingir os resultados programados.

A implantação de um processo de planejamento formal na empresa, além de fazer com que seus administradores se dediquem menos às rotinas operacionais, concentrando-se no futuro da organização, pode trazer muitos benefícios e vantagens, dentre as quais Sobral e Peci[4] destacam:

a. **Proporciona senso de direção:** Especifica um rumo para a empresa, o que permite direcionar os esforços de seus membros para um objetivo comum.

b. **Focaliza esforços:** Promove a integração e a coordenação das atividades dos membros da empresa. Sem planejamento, a empresa não passa de um grupo de indivíduos, cada um agindo à sua maneira. Cabe ao planejamento promover uma ação coletiva, que é a essência da organização.

c. **Maximiza a eficiência:** Permite otimizar esforços e recursos empresariais. Ajuda a estabelecer prioridades, evitando os desperdícios e as redundâncias.

d. **Reduz o impacto do ambiente:** Obriga os administradores a enfrentarem as mudanças ambientais. Por meio dele, os gerentes interpretam as mudanças ambientais e tomam as medidas necessárias para enfrentá-las.

---

[2] LONGENECKER, Justin G.; MOORE, Carlos W.; PETTY, J. Willian. **Administração de Pequenas Empresas**. São Paulo: Makron Books, 2004, p. 425.

[3] THOMPSON JR. Arthur; STRICKLAND III, A.J. **Planejamento Estratégico**: Elaboração, implementação e execução. São Paulo: Pioneira Thompson Learning, 2004, p. 26.

[4] SOBRAL; PECI, op. cit., 2013, p. 196-197.

e. **Define parâmetros de controle:** Proporciona critérios de avaliação de desempenho organizacional. Ao estabelecer objetivos, o planejamento define padrões de desempenho organizacional que permitem o controle das atividades e ações da empresa. Sem planejamento, é impossível conceber um sistema de controle eficaz.

f. **Atua como fonte de motivação e comprometimento:** Facilita a identificação das pessoas com a empresa. Os objetivos e planos reduzem a incerteza e esclarecem o papel que cada pessoa desempenha na empresa, motivando e comprometendo seus membros.

g. **Potencializa o autoconhecimento organizacional:** Cria um clima propício para o autoconhecimento. Durante o processo de planejamento, a empresa busca conhecer o ambiente externo, suas ameaças e oportunidades, ao mesmo tempo em que analisa seu ambiente interno.

h. **Fornece consistência à ação gerencial:** Fornece um fundamento lógico para a tomada de decisão. Ele permite criar uma estrutura cognitiva coletiva que garante consistência entre as decisões e os resultados desejados. Dessa forma, todas as decisões estarão em conformidade com o planejamento.

Sendo assim, no contexto empresarial, pode-se conceituar planejamento como um processo formal, racional, sistêmico e flexível que visa facilitar a tomada de decisões, o alcance de objetivos e o direcionamento da empresa a um futuro desejado:

a. É um processo formal porque é conscientemente elaborado com a distribuição de atividades de maneira racional e organizada.

b. É racional porque é constituído por uma sequência de etapas, coerentemente organizadas, em função dos fins visados.

c. É sistêmico porque as etapas que o constituem formam um conjunto de ações interdependentes, interativas e holísticas.

d. É flexível porque o seu desenvolvimento deve incluir a consideração de que venha a ser objeto de uma reavaliação constante, cuja finalidade é sua adaptação às novas situações impostas pelo ambiente.

O desenvolvimento de um processo de planejamento envolve uma série de atividades que são desencadeadas em toda a empresa. Assim, desde o principal dirigente até os encarregados pela execução de atividades operacionais, todos têm participação, embora de forma diferenciada.

Essa diferenciação ocorre porque as empresas apresentam três níveis distintos de responsabilidades e participação no processo decisório — o nível institucional, o intermediário e o operacional.

O **nível institucional**, também chamado de estratégico, é aquele que se localiza no ponto mais alto da hierarquia.

Quando se tratam de grandes empresas, esse nível é composto por dirigentes tais como presidente, vice-presidente e diretores executivos. No caso das pequenas empresas, é comum o nível institucional estar concentrado unicamente no proprietário.

Comentando sobre as responsabilidades dos dirigentes do nível institucional, Lussier, Reis e Ferreira[5] afirmam que eles desenvolvem e definem a finalidade, os objetivos, as estratégias e os planos de longo prazo, assim como supervisionam as atividades de diversos departamentos que constituem a empresa.

No contexto da pequena empresa, entretanto, o seu dirigente máximo, que na maioria das vezes é o proprietário, exerce pessoalmente todas essas atividades de maneira informal e centralizada.

Assim sendo, a definição dos caminhos futuros alternativos que a empresa deve seguir, assim como as principais decisões que devem ser tomadas, são fortemente controladas pelo proprietário. Desse modo, é comum que a sua ótica, ou óticas, sirva como parâmetro ou como orientação para as decisões que devem ser tomadas nos demais níveis da empresa.

O **nível intermediário**, também chamado de gerencial ou tático, é aquele que está hierarquicamente subordinado ao institucional, no qual se localizam os gestores das diversas áreas funcionais da empresa, tais como marketing, produção, materiais, finanças e recursos humanos.

Nas empresas maiores, geralmente, os dirigentes do nível institucional definem os principais objetivos e as estratégias da organização, enquanto os dirigentes do nível intermediário são os responsáveis pela sua implementação e coordenação. Sobre esse tema, Daft[6] comenta que a administração do nível médio é responsável pela mediação entre a alta administração e o nível operacional, exercendo atividades tais como a implementação de regras e a transmissão de informações de cima para baixo na hierarquia.

Quando se trata de pequenas empresas, essa dinâmica ocorre de uma maneira diferente. Considerando que elas geralmente operam com um número reduzido de empregados e níveis hierárquicos, muitas atividades próprias do nível intermediário são acumuladas, também, pelo dirigente máximo (geralmente o proprietário da empresa).

Portanto, é comum encontrar situações nas quais o proprietário, além de exercer a função de presidente ou diretor geral da empresa, é responsável também pela gestão

---

[5] LUSSIER, N. Robert, REIS, Ana Carla Fonseca, FERREIRA, Ademir Antônio. **Fundamentos de Administração**. São Paulo: Cengage Lerarning, 2010, p. 15-16.

[6] DAFT, Richard L. **Organizações**: Teoria e projetos. São Paulo: Cengage Learning, 2008, p. 16.

de um ou mais departamentos[7], por exemplo: o proprietário da empresa, além de exercer a função de dirigente máximo, pode, ao mesmo tempo, atuar como gerente comercial e/ou gerente administrativo financeiro.

De qualquer forma, as decisões tomadas nesse segundo nível estão restritas a cada uma das áreas funcionais, não abrangendo, portanto, a empresa como um todo.

Quanto ao **nível operacional**, ou técnico, é aquele hierarquicamente subordinado ao intermediário, incluindo as pessoas que têm como principal responsabilidade a execução das várias rotinas e tarefas. As decisões tomadas nesse nível dizem respeito à programação das atividades básicas da empresa, tais como a transformação de matéria-prima em produto acabado, a elaboração da folha de pagamento, o atendimento a clientes, a efetivação das vendas, dentre outras.

Considera-se importante destacar que, no caso das pequenas empresas, é comum que determinados dirigentes do nível institucional, ou do intermediário, estejam envolvidos também com atividades operacionais. Por exemplo, o proprietário da empresa pode estar dedicando algum tempo para desempenhar atividades básicas, tais como realizar vendas, digitar relatórios etc.

A Figura 1.1, a seguir, ilustra esses três níveis organizacionais:

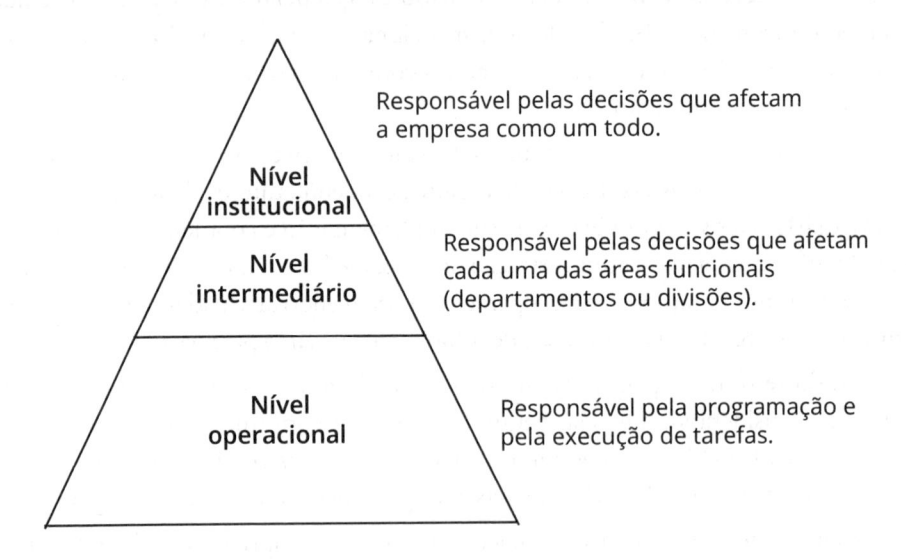

FIGURA 1.1: Níveis organizacionais
Fonte: o autor

---

[7] É importante ressaltar que mesmo nas pequenas empresas existem os três níveis de responsabilidade e de tomada de decisão (institucional, intermediário e operacional), ainda que uma mesma pessoa participe de mais de um deles.

A cada um desses níveis corresponde um tipo de planejamento, respectivamente:

a. Planejamento estratégico
b. Planejamento tático
c. Planejamento operacional

O **planejamento estratégico** é dirigido à empresa como um todo; é direcionado para o longo prazo e não aborda detalhes específicos de cada departamento ou divisão.

A sua principal finalidade é estabelecer um senso de direção comum para os caminhos futuros alternativos que a empresa poderá seguir, e exige a elaboração de planos mais detalhados (planos táticos e planos operacionais).

Nas pequenas empresas, como as principais decisões geralmente estão centralizadas no proprietário, o processo de planejamento também estará. Entretanto, para obter maior eficácia, é recomendável que este seja desenvolvido com o apoio de um consultor especializado.

O **planejamento tático** abrange cada um dos departamentos ou divisões da empresa; é direcionado para o médio prazo e é mais detalhado do que o planejamento estratégico.

São exemplos de planos táticos: plano de marketing, plano de recursos humanos, plano financeiro etc.

Mesmo que a empresa, por ser pequena, não possua uma estrutura organizacional formalmente definida e tenha as suas atividades funcionais concentradas nas mãos de poucas pessoas, elas devem ter planos táticos, tais como marketing, produção, recursos humanos, entre outros.

O **planejamento operacional** trata de desdobrar cada um dos planos táticos com a finalidade de que cada tarefa, ou grupo de tarefas, seja levada a cabo com a máxima eficiência. Assim sendo, os planos operacionais são bastante detalhados e direcionados para o curto prazo.

Cada plano tático que é elaborado na empresa exige o desenvolvimento de vários planos operacionais, por exemplo:

O plano de marketing exige que se desenvolvam planos operacionais tais como: de pesquisa de mercado, de vendas, de promoções etc.

O plano de recursos humanos exige, dentre outros, os seguintes planos operacionais: de recrutamento e seleção de pessoal, de treinamento e desenvolvimento de pessoal, de benefícios.

Dessa forma, o planejamento estratégico gera a necessidade de elaboração de planos táticos, e cada um deles, por sua vez, exige diversos planos operacionais, constituindo assim o *sistema de planejamento empresarial,* de acordo com o que ilustra a Figura 1.2.

A Figura 1.2 mostra que o sistema de planejamento empresarial é composto por três diferentes tipos de planejamento (estratégico, tático e operacional), cada um dos quais apresentando características específicas em termos de abrangência, prazo e detalhamento. O objetivo deste livro, entretanto, é descrever o que é e como é formulado o planejamento estratégico, que é uma dentre as metodologias através das quais pode ser desenvolvido um processo de planejamento em nível institucional.

PLANEJAMENTO ESTRATÉGICO	PLANEJAMENTO TÁTICO	PLANEJAMENTO OPERACIONAL
Planejamento Estratégico	Planejamento de Marketing	Plano de Pesquisa de Mercado Plano de Vendas Plano de Promoções
	Planejamento de Recursos Humanos	Plano de Recrutamento e Seleção de Pessoal Plano de Benefícios Plano de Treinamento e Desenvolvimento de Pessoal
	Planejamento Financeiro	Plano de Investimentos Plano de Financiamento Orçamento
• Abrange a empresa como um todo • É pouco detalhado • É direcionado para o longo prazo	• É direcionado para o médio prazo • É mais detalhado do que o planejamento estratégico • Abrange cada área ou departamento, especificamente	• Abrange cada tarefa ou grupo de tarefas • É bastante detalhado e analítico • É direcionado para o curto prazo

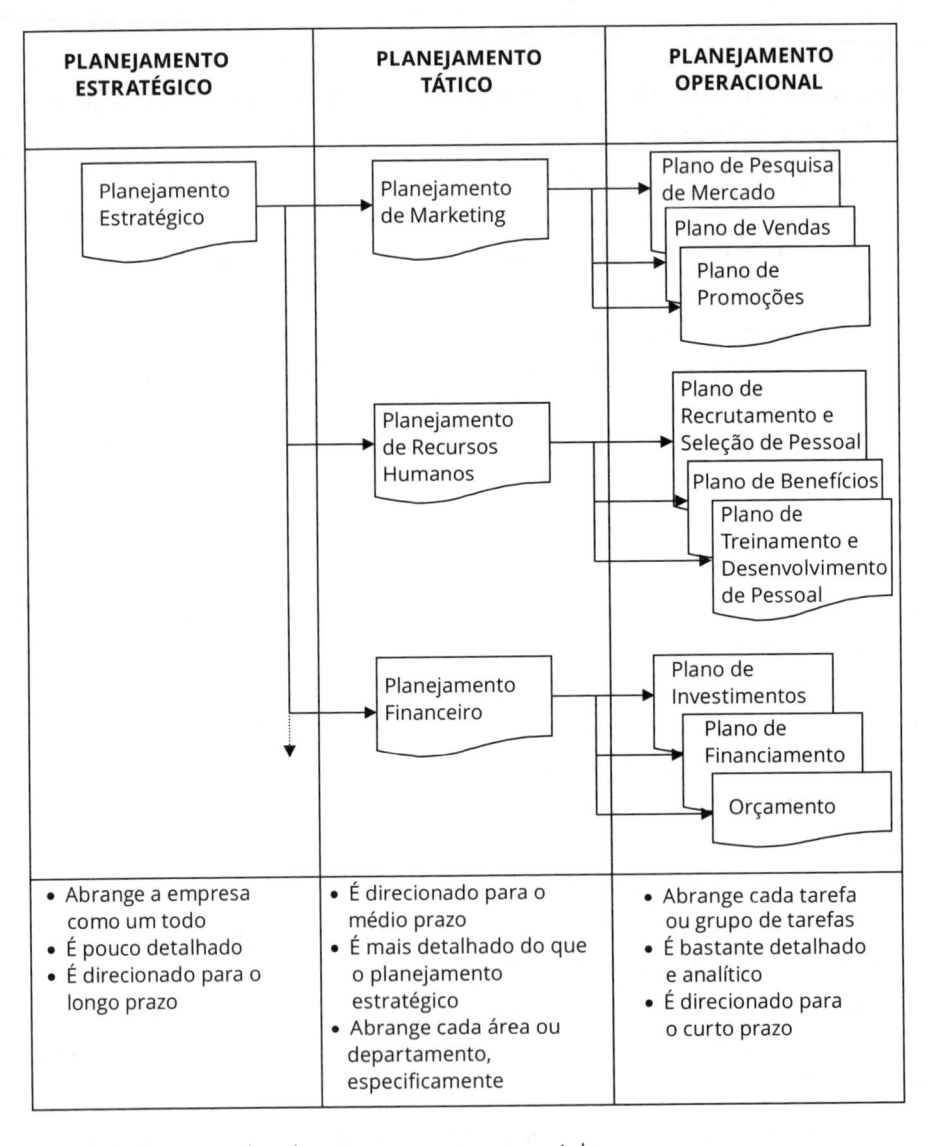

Figura 1.2: Sistema de planejamento empresarial
Fonte: o autor

A Operacionalização do Processo de Planejamento Estratégico

As etapas que constituem o processo de planejamento estratégico podem variar, apresentando-se, assim, de maneira diferente. Entretanto, ainda que hajam diferenças de estilo ou forma de apresentação, os passos para o seu desenvolvimento podem ser desenvolvidos na seguinte sequência:

```
┌─────────────────────────────────────────┐
│                    1                    │
│         DEFINIÇÃO DO NEGÓCIO,           │
│     IDENTIFICAÇÃO DA MISSÃO E           │
│     DEFINIÇÃO DA VISÃO ESTRATÉGICA      │
└─────────────────────────────────────────┘
            │                    │
            ▼                    ▼
  ┌──────────────────┐  ┌──────────────────┐
  │        2         │  │        3         │
  │ ANÁLISE INTERNA  │  │ ANÁLISE EXTERNA  │
  │ Pontos fortes e  │  │   Ameaças e      │
  │  Pontos fracos   │  │  Oportunidades   │
  └──────────────────┘  └──────────────────┘
            │                    │
            └─────────┬──────────┘
                      ▼
  ┌─────────────────────────────────────┐
  │                 4                   │
  │  POSICIONAMENTO ESTRATÉGICO DA EMPRESA │
  │    Posicionamento da empresa frente ao │
  │         ambiente competitivo        │
  └─────────────────────────────────────┘
                      │
                      ▼
            ┌──────────────────┐
            │        5         │
            │ OBJETIVOS ESTRATÉGICOS │
            └──────────────────┘
                      │
    ┌─────────┬───────┼───────┬─────────┐
    ▼         ▼       ▼       ▼         ▼
 MARKETING/ PRODUÇÃO/ LOGÍSTICA/ RECURSOS  FINANÇAS
  VENDAS   OPERAÇÕES  MATERIAIS  HUMANOS /
                                 GESTÃO
                                DE PESSOAS
    └─────────┴───────┬───────┴─────────┘
                      ▼
         ┌────────────────────────────┐
         │             6              │
         │      PLANOS DE AÇÃO        │
         │ (QUESTÕES TÁTICAS E OPERACIONAIS) │
         └────────────────────────────┘
                      │
                      ▼
  ┌───────┬──────────┬───────────┬───────┬───────────┐
  │ METAS │ESTRATÉGIAS│RESPONSÁVEL│ PRAZO │ RECURSOS  │
  │       │ DE AÇÃO  │           │       │FINANCEIROS│
  │       │          │           │       │NECESSÁRIOS│
  └───────┴──────────┴───────────┴───────┴───────────┘
```

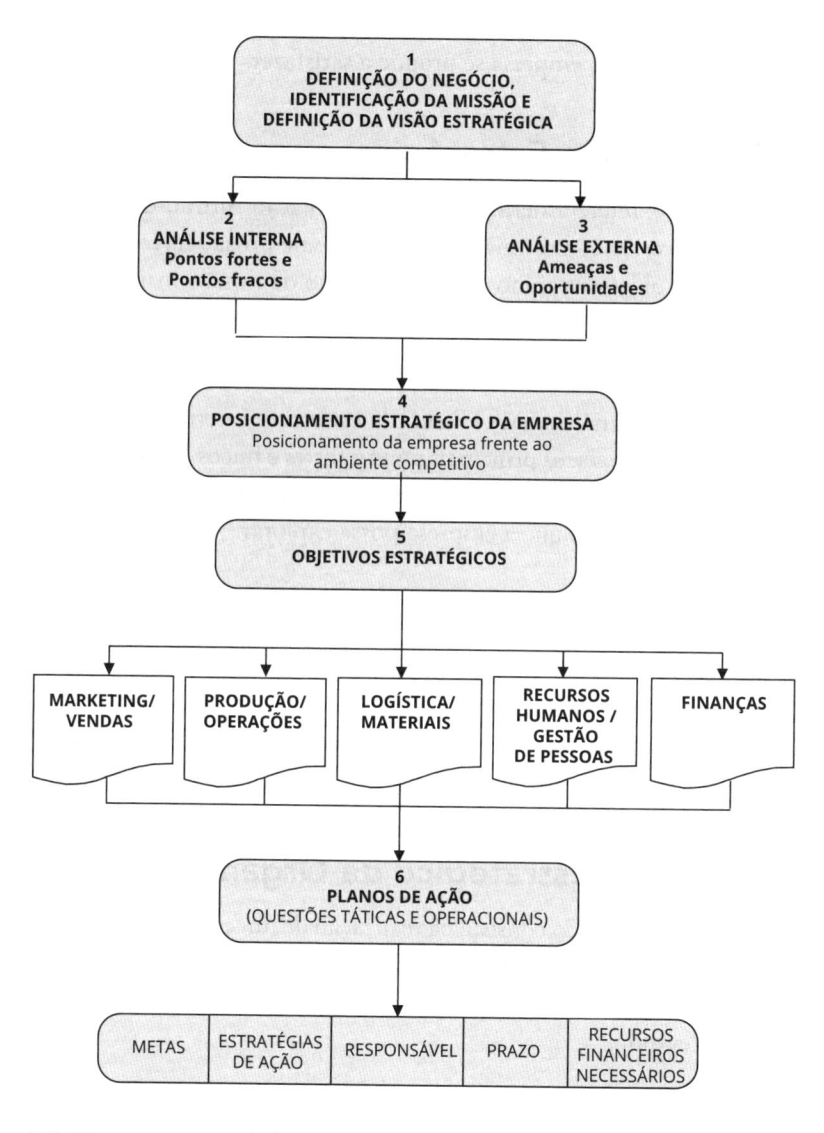

Figura 1.3: Esquema geral do processo de planejamento estratégico
Fonte: o autor

Definição do Negócio

A definição do negócio se refere às decisões relacionadas ao setor ou setores em que a empresa atua e/ou pretende atuar, focalizando a busca de oportunidades em áreas específicas dentro desse(s) setor(es).

Identificação da Missão

A missão, ou razão de ser da empresa, trata de definir quais são as expectativas e os interesses específicos que a empresa se propõe a satisfazer.

Definição da Visão Estratégica

A visão estratégica se refere à definição de uma situação futura, desejada em longo prazo, que se caracterize como uma meta ambiciosa e possa servir como guia tanto para a definição de objetivos como para a realização da missão institucional.

Análise SWOT Parte I: Fatores Internos

Essa primeira etapa da análise SWOT aborda os fatores internos da empresa com a finalidade de identificar os seus principais pontos fortes e fracos (*strengths e weaknesses*). O principal intuito da análise interna é identificar as possíveis fontes de diferenciação e de vantagens competitivas que a empresa possa explorar.

Análise SWOT Parte II: Fatores Externos

A análise dos fatores externos consiste na identificação de oportunidades e ameaças (*opportunities* e *threats*) que possibilitem o desenvolvimento de estratégias de ação com a finalidade de se precaver contra as ameaças antes que elas se tornem problemas, e tirar o máximo possível de proveito das oportunidades oferecidas pelo meio externo.

Posicionamento Estratégico da Organização

O posicionamento estratégico consiste na realização de um confronto entre a realidade interna e externa da empresa, com a finalidade de delinear uma estratégia de crescimento/diversificação adequada à sua situação e que proporcione o posicionamento competitivo pretendido.

Objetivos Estratégicos

Os objetivos estratégicos se referem à definição da situação futura desejada pela empresa, em função da qual devem ser empregados os recursos e dirigidos os esforços.

Planos de Ação

Tratam de desdobrar os objetivos estratégicos em planos de ações com metas concretas, sendo levado a cabo através da definição de: (1) área; (2) metas; (3) estratégias de ação; (4) responsável pelas ações; (5) prazo para o cumprimento das ações; (6) recursos financeiros necessários para o desenvolvimento de cada uma das ações programadas.

Nos próximos capítulos, cada uma dessas etapas será objeto de um estudo mais detalhado.

2

Diagnóstico Inicial: Entendendo a Empresa

Antes de iniciar o desenvolvimento do processo de planejamento estratégico, é necessário realizar um primeiro diagnóstico com a finalidade de obter uma visão global a respeito da empresa.

Portanto, esse diagnóstico constitui o ponto de partida para que se possa obter as informações necessárias de modo a permitir a realização de intervenções na empresa.

Neste sentido, recomenda-se que o diagnóstico inclua (1) a caracterização da empresa e (2) a descrição de suas principais funções.

Caracterização da Empresa

Esta caracterização tem como finalidade principal reunir informações suficientes para que se possa iniciar o entendimento a respeito da empresa em que se pretende aplicar o planejamento estratégico. Assim sendo, esta etapa inicial deve incluir (1) um breve histórico da empresa e (2) o organograma.

O **breve histórico** da empresa deverá reunir informações tais como:

- Nome da empresa
- Ano de fundação
- Número de empregados (na produção e no escritório)
- Principais produtos e/ou serviços
- Mercado em que atua

Quanto ao **organograma**, deve-se considerar as características peculiares das pequenas empresas, tal como se apresenta a seguir.

As pequenas empresas, na maioria das vezes, não possuem uma estrutura organizacional formalmente definida e representada através de um organograma.

Elas geralmente estão organizadas de uma maneira muito simples, apresentando pouca divisão do trabalho e uma pequena hierarquia administrativa. Grande parte de suas atividades giram em torno de um diretor geral. Esse diretor geral, que geralmente é o proprietário, exerce o controle pessoalmente através da supervisão direta (Mintzberg[1]).

Entretanto, mesmo tendo poucos ou nenhum funcionário e uma estrutura simples, as pequenas empresas desenvolvem as mesmas atividades funcionais comumente encontradas nas empresas maiores. Por exemplo, em uma pequena padaria onde trabalham apenas três pessoas (o proprietário, um padeiro e uma vendedora), são desempenhadas as funções relacionadas a compras, controle de estoque, produção, vendas, contas a pagar, contas a receber etc.

O que frequentemente acontece é que uma mesma pessoa acumula o desempenho de várias dessas atividades. No entanto, deve-se, inicialmente, observar a empresa sob o ponto de vista de suas atividades funcionais, e não das pessoas que a integram.

Como forma de ilustrar essa afirmação, se apresenta, a seguir, um exemplo que trata de algumas observações realizadas para a proprietária de uma pequena empresa (uma microempresa individual).

Trata-se de uma empresa do setor têxtil dedicada ao vestuário casual e chique, que tem como público-alvo mulheres que gostam de se vestir bem e andar na moda sem gastar muito.

A empresa em questão não tem funcionários. A sua proprietária é quem trata de desenhar as roupas, e toda a produção é terceirizada. Nas considerações iniciais solicitadas a respeito da organização dessa empresa, relatou-se:

Mesmo não tendo funcionários, a proprietária deve ver a sua empresa como um conjunto de departamentos onde ela própria é gerente e funcionária de cada um deles, tal como se especifica a seguir:

---

[1] MINTZBERG, Henry, A Organização Empreendedora. In: MINTZBERG, Henry; LAMPEL, Joseph, QUINN, James Bian; GHOSHAL, Sumantra. **O Processo da Estratégia**: Conceitos, contextos e casos selecionados. Porto Alegre, Bookman, 2006, p. 269.

1. **Departamento de vendas**: Este departamento trata das atividades operacionais de vendas, tais como manter um arquivo com informações sobre a carteira de clientes e fazer com que eles recebam os produtos dentro do prazo estabelecido.

2. **Departamento de marketing**: A proprietária deve gerenciar a sua marca com a finalidade de torná-la mais conhecida, assim como o site da empresa. Deve também tomar decisões sobre as mídias que devem ser utilizadas, gerenciar o relacionamento com clientes etc.

3. **Departamento de materiais**: Aqui, a proprietária deve cuidar dos processos de compra, controle de estoque e relacionamento com fornecedores.

4. **Departamento de produção**: Mesmo que a produção seja totalmente terceirizada, é necessário fazer um acompanhamento constante para verificar se as fábricas (confecções de roupas) contratadas têm capacidade para garantir o fornecimento à medida que o volume de vendas de sua empresa aumenta.

5. **Departamento de logística**: Este departamento trata de gerenciar todas as movimentações de materiais (dentro e fora da empresa), como remessa de produtos para os clientes, busca de materiais/matéria-prima, contato com transportadoras etc. — uma boa logística deve garantir que tanto as entregas como os recebimentos ocorram dentro dos prazos estabelecidos.

6. **Departamento financeiro**: Este departamento trata do gerenciamento das contas a pagar, contas a receber, controle de contas bancárias e fluxo de caixa. A proprietária da empresa deve tratar de nunca "misturar" as finanças da empresa com as suas finanças pessoais. Quando for possível, deve estabelecer uma retirada mensal (e respeitar essa decisão). Os seus cartões de crédito pessoais não devem ser os mesmos da empresa.

7. **Departamento de recursos humanos**: Mesmo que a empresa ainda não tenha funcionários, a proprietária deve analisar quais são as atividades que devem ser exercidas em cada um dos departamentos acima citados. Deve pensar também quais são as atividades que deve continuar exercendo e quais são as que devem ser delegadas quando o primeiro funcionário for contratado.

É importante que a proprietária mantenha todas as atividades dos diferentes departamentos bem organizadas para que seja possível manter um controle eficiente do desempenho das diversas atividades funcionais. Assim sendo, mesmo que essa empresa esteja constituída por apenas uma pessoa, sua estrutura organizacional pode ser representada pelo organograma a seguir.

Além de analisar a estrutura organizacional da empresa, tal como se apresenta na Figura 2.1, é necessário analisar a maneira através da qual suas atividades funcionais são desempenhadas atualmente, tal como se apresenta a seguir.

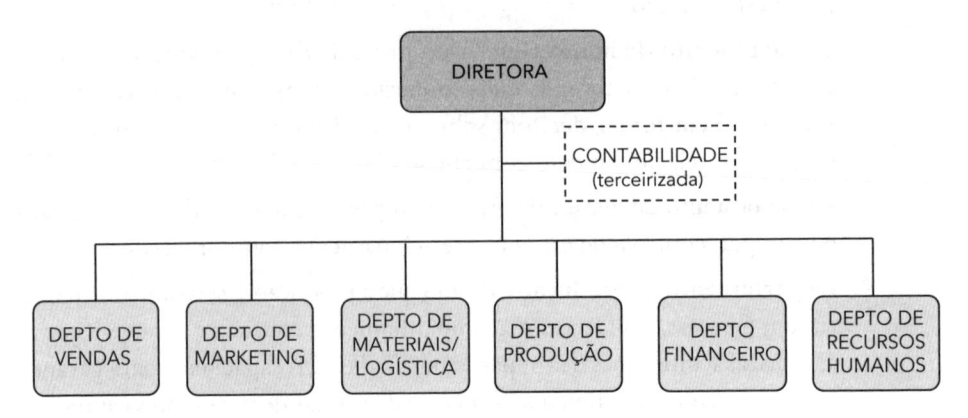

Figura 2.1: Organograma da empresa têxtil/vestuário
Fonte: o autor

Descrição das Principais Funções/Atividades da Empresa

Nesta descrição, deve-se fazer um breve relato sobre a forma através da qual a empresa desenvolve, atualmente, as suas principais atividades, tais como compras, controle de estoque, produção, vendas[2], marketing, distribuição, recrutamento e seleção de pessoal, treinamento, fluxo de caixa etc.

Esta descrição, além de proporcionar uma visão geral a respeito do funcionamento da empresa, constitui, também, uma fonte de informação para que se possa programar futuras intervenções na empresa. Com as descrições realizadas nesta etapa, se estará iniciando o levantamento das informações necessárias para que, em uma etapa posterior, elas possam servir de ponto de partida para a identificação dos principais pontos fortes e fracos da empresa.

A seguir, apresenta-se um exemplo de uma breve descrição das atividades funcionais de uma determinada empresa de pequeno porte:

- **Compras**: A função de compras da empresa Alfa inclui as matérias-primas para a produção, assim como materiais de expediente e outros itens eventualmente

---

[2] Embora as atividades de vendas façam parte do composto de marketing, aqui elas são analisadas separadamente.

necessários. Os processos de compra são realizados informalmente pelos dirigentes da empresa.

No caso das matérias-primas, a empresa tem parceria com fornecedores fixos, e os pedidos são realizados via telefone ou e-mail. A quantidade de matéria-prima a ser comprada varia conforme os pedidos dos clientes.

Quanto aos materiais de expediente ou itens eventuais, as compras são realizadas à medida que se detecta a necessidade, utilizando o comércio local.

- **Controle de estoque**: O controle de estoque é realizado visualmente. As matérias-primas são armazenadas próximo à área da produção e, à medida que o encarregado da produção detecta necessidade de reposição de materiais, solicita ao proprietário da empresa que determine a compra.

- **Produção**: O planejamento da produção é realizado informalmente, tendo por base os pedidos dos clientes. Assim que o pedido é repassado ao departamento de produção, o encarregado desse setor verifica o estoque e, baseado em sua experiência pessoal, separa os materiais necessários ou solicita compra.

    O prazo de entrega é negociado diretamente com o cliente, juntamente com o encarregado de produção e o proprietário da empresa.

    O acompanhamento e controle da produção é realizado pelo encarregado do setor que acompanha pessoalmente a execução dos pedidos.

- **Vendas**: A empresa possui uma elevada demanda de clientes, assim, não existe a preocupação de prospectar novos clientes — a empresa espera ser procurada pelos clientes para realizar os pedidos. Eventualmente, quando há "folga na produção", o proprietário procura entrar em contato com clientes via telefone ou através de visitas para tentar realizar algumas vendas extras.

    Não existe qualquer controle formal sobre as vendas realizadas/histórico de vendas por cliente. Toda a programação depende da experiência pessoal do proprietário da empresa.

- **Marketing**: A empresa não possui um plano de marketing formalmente definido. Desta forma, as ações desenvolvidas nesta área se resumem à preocupação do principal dirigente da empresa em estar sistematicamente em contato com seus clientes para avaliar, ainda que informalmente, sua satisfação. Não existe, portanto, divulgação da empresa através de mídias tais como site, rede social etc. A divulgação da empresa e de seus produtos se limita ao popular *boca a boca*.

- **Administração de recursos humanos/gestão de pessoas:** Os aspectos burocráticos legais, tais como formalização do contrato de trabalho, pagamento de impostos, elaboração da folha de pagamento, admissões, demissões, férias etc., são realizados por uma empresa terceirizada.

  Outras funções relacionadas à área de recursos humanos, como recrutamento e seleção de pessoal, são realizadas informalmente pelo proprietário da empresa, com a ajuda de um auxiliar administrativo.

  Para o recrutamento de pessoal, utiliza-se uma agência de empregos e indicações feitas por parte dos atuais colaboradores da empresa. Quanto à seleção de pessoal, é realizada através de uma entrevista informal conduzida pelo proprietário da empresa.

  No que diz respeito ao treinamento de pessoal, limita-se a indicação de um colaborador que tenha mais tempo de casa para dar as instruções iniciais ao recém-contratado, assim como para acompanhar o desempenho de seu trabalho nos primeiros dois meses.

- **Finanças:** Esta função inclui o controle de contas a pagar, contas a receber, fluxo de caixa e controle bancário.

  A operacionalização e o controle dessas atividades são realizados através da utilização de uma planilha em Excel, na qual um auxiliar administrativo se encarrega de fazer todos os lançamentos para que o proprietário da empresa realize a supervisão direta sobre ela.

  A empresa não trabalha com orçamento, nem com planejamento financeiro de médio ou longo prazo.

A descrição dessas atividades, ainda que não apresente as informações com detalhes suficientes para que se possa intervir na empresa, constitui uma etapa fundamental para que se possa iniciar o processo de planejamento estratégico.

Assim sendo, esta etapa constitui o ponto de partida para o entendimento necessário para transitar pela empresa e iniciar o processo de planejamento bem estruturado com a finalidade de melhorar o seu desempenho.

3

Negócio, Missão e Visão Estratégica

Entre os pequenos empresários, frequentemente surgem as afirmações de que o negócio de qualquer empresa privada é gerar lucro. Esse conceito, entretanto, vem sendo questionado há muito tempo.

Na década de 1950, Drucker[1] já afirmava que o lucro presta três finalidades:

1º. Mede a eficácia líquida e a solidez dos esforços de uma empresa. É, na realidade, o teste definitivo do seu desempenho.

2º. É o ágio de risco que cobre os custos de manter a empresa de portas abertas.

3º. Assegura a provisão futura de capital para inovação e expansão.

A finalidade de qualquer pessoa que abre uma empresa é obter lucro (ganhar dinheiro). No entanto, para que isso seja possível, é necessário conscientizar-se de que o sucesso ou o fracasso de qualquer empreendimento sempre dependerá da sua capacidade de satisfazer necessidades. Assim sendo, ainda que o lucro seja essencial, o recomendável é que ele seja visto como resultado de desempenho (uma medida de avaliação da empresa). Desse modo, as ações desencadeadas na etapa inicial do processo de planejamento deverão tratar de definir o negócio, a missão e a visão estratégica.

---

[1] DRUCKER, Peter F. **Prática da Administração de Empresas.** São Paulo: Pioneira, 1981, p.44 e 73. (Primeira edição em inglês: The practice of management, 1955.)

O **negócio** se refere às decisões relacionadas ao setor (ou setores) em que a empresa atua e/ou pretende atuar; a **missão** (ou propósito fundamental) diz respeito às expectativas e aos interesses específicos que a empresa se propõe a satisfazer; e a **visão estratégica** se refere às aspirações dos principais dirigentes em relação ao futuro de longo prazo da empresa.

Definição do Negócio

A definição do **negócio** focaliza a busca de oportunidades em um determinado setor ou setores. Por exemplo, o setor eletrônico, devido à sua amplitude, oferece oportunidades em diferentes negócios através de diversos benefícios que podem ser oferecidos ao mercado, tais como *segurança, automação de escritório, lazer e entretenimento* etc.

Em termos práticos, o negócio deve ser definido tendo-se em vista os benefícios procurados pelos clientes (visão estratégica) e não os produtos e/ou serviços (visão míope). Por exemplo: um cliente entra em uma livraria não para comprar um livro, mas, sim, benefícios, como informação, cultura, lazer etc.

Do mesmo modo, quando um cliente busca produtos tais como sistemas de alarmes, monitoramento de imagens ou controle de acesso, o benefício que ele está procurando é segurança/segurança patrimonial.

Outro exemplo nesse mesmo sentido é o do setor têxtil que, devido à sua amplitude, também oferece diversas oportunidades de negócio, como:

- **Benefícios para o lar:** Cama, mesa, banho, decoração e limpeza.
- **Vestuário:** Casual, esportivo, profissional, social, escolar, etc.
- **Soluções industriais:** Filtros de algodão, componentes para o interior de automóveis, embalagens etc.

O Quadro 3.1 apresenta alguns exemplos nesse sentido:

QUADRO 3.1: Definição do negócio: Visão míope e visão estratégica

EMPRESA	NEGÓCIO	
	Visão Míope (Produtos ou serviços)	Visão Estratégica (Benefícios)
Harley-Davidson	Motocicletas	Estilo de vida
Xerox	Copiadoras	Digitalização de documentos
Kopenhagen	Chocolates	Presentes
Revlon	Cosméticos	Beleza
Randon	Carretas	Soluções em transportes
Sur	Elevadores	Soluções em movimento

Fonte: adaptado de VASCONCELLOS FILHO e PAGNONCELLI[2]

Nesta etapa inicial do processo de planejamento estratégico, é de extrema importância que se faça a pergunta sobre "qual é o nosso negócio?", assegurando-se de que ela seja cuidadosamente respondida. Para Drucker[3], "o fato desta pergunta ser feita tão raramente — ao menos de forma clara e direta — e de tão raramente receber a atenção adequada é, talvez, a principal causa de fracassos empresariais".

Discutindo a respeito da importância de que a empresa tenha uma visão de negócio orientada para o cliente, Hill e Jones[4] comentam que "a história está cheia de naufrágios de empresas que foram grandes, mas não definiram o seu negócio ou o definiram incorretamente e, por isso, entraram em declínio":

> Nos anos 1950 e 1960, havia muitas empresas que produziam equipamentos para escritórios, como a Smith Corona e a Underwood, que definiram o seu negócio como sendo a produção de máquinas de escrever. Essa definição de negócios orientada para o produto ignorou o fato de

---

[2] VASCONCELLOS FILHO, Paulo de; PAGNONCELLI, Dernizo. **Construindo Estratégias para Vencer:** Um método prático, objetivo e testado para o sucesso da sua empresa. Rio de Janeiro: Campus, 2001, p. 57-58.

[3] DRUCKER, op. cit., (1981), p. 48.

[4] HILL, Charles W. L.; JONES, Gareth R. **O Essencial da Administração Estratégica:** Casos reais e aplicação prática da teoria, São Paulo: Saraiva, 2013, p. 47.

que, na verdade, essas empresas estavam no negócio de satisfazer as necessidades de processamento de informação dos consumidores. Infelizmente para essas empresas, quando apareceu uma nova tecnologia que atendia melhor às necessidades dos clientes de processamento de informação (computadores), a demanda por máquinas de escrever acabou (...)

Em contrapartida, a IBM previu corretamente o que seria o seu negócio. Nos anos 1950, ela era líder no segmento de produção de máquinas de escrever e de leitores de cartões perfurados. Contudo, ao contrário de muitos concorrentes, a IBM definiu seu negócio como sendo o de fornecer meios para processamento e armazenamento de informações, em lugar de simplesmente fornecer leitores de cartões perfurados e máquinas de escrever.

Esse exemplo mostra que a IBM, devido à correta definição do seu negócio, conduziu os passos subsequentes da empresa em direção a computadores, sistemas de software, sistemas de escritórios e impressoras, o que lhe parecia lógico.

Desse modo, os dirigentes da empresa devem ter plena consciência de que não basta simplesmente oferecer produtos e/ou serviços a um determinado mercado. É necessário considerar que uma correta definição do negócio é que mostrará os caminhos que a empresa deverá seguir. Isto é, seus dirigentes deverão ter a habilidade para:

a. Delimitar um espaço dentro do setor em que a empresa atua (ou pretende atuar) com a finalidade de identificar oportunidades de mercado.

b. Identificar os tipos de necessidades e/ou desejos que a empresa tem habilidade para satisfazer de forma diferenciada.

c. Saber quais são os benefícios que os clientes e/ou usuários esperam obter ao adquirir seus produtos e/ou serviços.

d. Certificar-se de que estará não apenas correspondendo, mas superando as expectativas de seus clientes e/ou usuários.[5]

e. Expressar formalmente uma missão que facilite a definição e o alcance dos objetivos pretendidos.

Identificação da Missão

A **missão** significa a razão de ser da empresa, ou seja, é o verdadeiro motivo pelo qual ela existe. Portanto, esta etapa exige mais esforço do que simplesmente escolher um

---

[5] Considera-se **cliente** o indivíduo que compra e paga por um determinado produto e/ou serviço, e **usuário** aquele que efetivamente vai utilizar tal produto e/ou serviço. No caso da fralda descartável, por exemplo, o cliente e o usuário geralmente são pessoas diferentes.

mercado e oferecer produtos e/ou serviços — uma empresa não existe para "oferecer coisas", e sim para satisfazer necessidades. Desse modo, a missão deve ser formulada tendo-se em vista os benefícios que os clientes e/ou usuários esperam ao adquirir os produtos e/ou serviços (visão estratégica de negócio).

Como ilustração do exposto acima, apresenta-se o exemplo do Google, cuja missão é "organizar as informações do mundo e torná-las mundialmente acessíveis e úteis".[6] Para desempenhar a sua missão, o Google disponibiliza uma variedade de serviços para pessoas e empresas.

No que diz respeito às pessoas, o Google tem por objetivo tornar o mais fácil possível o acesso às informações que elas buscam para concluir suas tarefas, permitindo assim um melhor aproveitamento do seu tempo. Quanto às empresas, o Google fornece ferramentas que as ajudam a se tornar mais produtivas e a expandir os seus negócios.

Para concretizar esta etapa, é de extrema importância considerar que a missão deve ser definida tendo-se por base a satisfação de necessidades, e não simplesmente a oferta de produtos e/ou serviços. Assim sendo, para facilitar a tarefa de se definir a missão, recomenda-se que os dirigentes da empresa procurem responder a algumas questões, tais como[7]:

- **Qual é o nosso negócio?**
- **Quem é o nosso cliente?**
- **O que ele realmente quer quando nos procura?** *(Isto é, quais são as necessidades ou desejos que ele procura satisfazer quando adquire o nosso produto ou serviço?)*

A resposta à questão sobre **qual é o nosso negócio**, conforme se discutiu anteriormente, deve ser formulada tendo-se em vista os benefícios que os clientes e/ou usuários esperam obter ao adquirir o produto e/ou serviço; por exemplo, um mesmo livro pode ser visto como um instrumento de apoio profissional por uma pessoa, enquanto, para outra, significa algumas horas de prazer. Uma bicicleta pode ser adquirida com a finalidade de ser utilizada como meio de transporte, enquanto que, para um outro indivíduo, ela é vista como um equipamento que pode ser utilizado para a prática de um esporte, outro pode estar adquirindo um instrumento de prazer, e assim por diante.

---

[6] GOOGLE. Disponível em: <https://www.google.com/intl/pt-BR/about/>. Acesso em 14/06/2016.

[7] Estas questões foram adaptadas de DRUCKER, op, cit. (1981), p. 47-58.

Quanto à questão sobre **quem é o nosso cliente**, recomenda-se que a empresa utilize as técnicas de segmentação de mercado[8] para desenvolver um perfil dos consumidores reais e potenciais. Para isso, eles podem ser classificados, ou agrupados, de acordo com critérios tais como faixa etária, sexo, classe social, escolaridade, ocupação profissional, estilo de vida etc. Dessa forma, a empresa poderá, mais facilmente, orientar seus esforços para o público específico ao qual pretende servir.

Além disso, considera-se importante ressaltar também que, para responder a essa questão, muitas vezes é necessário ter uma visão mais ampla sobre quem realmente é o cliente e/ou usuário. Por exemplo, uma empresa de confecções pode considerar que os lojistas sejam seus clientes. Entretanto, nesse caso, é necessário levar em conta também que o consumidor final é a pessoa que a confecção (fábrica) pretende satisfazer, tal como ilustra a Figura 3.1, a seguir:

```
FÁBRICA  →  LOJA  →  CLIENTES
```

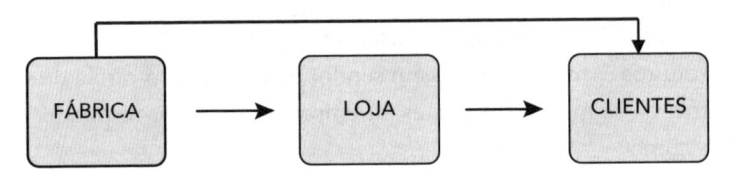

Figura 3.1: Identificação do cliente
Fonte: o autor

A Figura 3.1 mostra que, para definir sua missão, a fábrica deve considerar não apenas a loja (*cliente imediato*) para responder à questão sobre quem é o seu cliente, mas também as pessoas (*consumidores finais*) cujas necessidades e desejos a empresa pretende satisfazer.

Outro exemplo que evidencia a necessidade de se ter uma visão ampla a respeito de quem é o nosso cliente é o da EPISE[9] (Enseñanza Programada e Ingeniería de Sistemas Educativos), uma empresa com sede em Barcelona (Espanha).

Atuando em mais de 15 países e tendo como clientes empresas de diferentes setores, a EPISE se dedica ao desenvolvimento do talento das pessoas e à melhoria dos resultados organizacionais.

---

[8] A segmentação de mercado, segundo WEINSTEIN, Art. **Segmentação de Mercado**. São Paulo: Atlas, 1995, p. 18, "é o processo de dividir mercados em grupos de consumidores potenciais com necessidades e/ou características similares, que, provavelmente, exibirão comportamento de compra similar".

[9] EPISE, **Barcelona**, Disponível em: <http://epise.com/quienes-somos/>. Acesso em 24/06/2016.

Para definir sua missão, ela considerou tanto os colaboradores como as empresas para as quais presta serviço. Assim, com a finalidade de melhorar o rendimento das pessoas e para incrementar o valor das organizações, a EPISE definiu a seguinte missão:

> *Oferecer a nossos clientes, com alta qualidade, soluções formativas e estratégias de recursos humanos orientadas para a melhoria do desenvolvimento das pessoas e do rendimento das organizações.*

Para responder à questão sobre **o que ele realmente quer quando nos procura**, a empresa deve tratar de identificar com mais especificidade quais são os benefícios esperados pelo consumidor quando ele adquire um produto ou serviço.

A esse respeito, Drucker[10] comenta que as empresas devem estar cientes de que nem sempre o preço é o principal determinante. Além dele, existe toda uma gama de outras considerações de qualidade que não está expressa no preço: durabilidade, resistência a quebras, a fama do fabricante, serviços etc. O próprio preço alto pode ser valor, como no caso de perfumes e roupas exclusivas.

O que uma adolescente busca em um sapato, por exemplo, é ele estar na moda. Tem que ser "in". O preço é uma consideração secundária e a durabilidade tem valor nulo. O mesmo sapato que representa a melhor compra para a adolescente não tem valor para a sua irmã um pouco mais velha.

O Quadro 3.2, a seguir, trata de ilustrar as respostas às questões sobre qual é o nosso negócio, quem é o nosso cliente e o que ele realmente quer quando nos procura:

QUADRO 3.2: Questões para se definir a missão da empresa

Setor em que a empresa atua	Têxtil
Qual é o nosso negócio? (Benefício oferecido)	Vestuário casual e chique
Quem é o nosso cliente?	Mulheres que gostam de andar na moda
O que eles realmente querem quando nos procuram?	Querem se vestir bem, mas sem gastar muito
Missão da empresa	Proporcionar às mulheres, por um preço justo, um vestuário confortável, elegante e moderno

Fonte: o autor

---

[10] DRUCKER, Peter F. **Administração, Tarefas, Responsabilidades, Práticas**, São Paulo: Pioneira, 1975, p. 90 - 91.

Considera-se importante destacar que, uma vez tendo a sua missão definida, a empresa deverá tratar de desenvolver produtos e/ou serviços que se caracterizem como instrumentos capazes de satisfazer as necessidades e/ou desejos identificados. Ao mesmo tempo, deve-se considerar também que, mesmo mantendo sua missão atual, poderá ser necessário abandonar e/ou inovar determinados produtos ou serviços, ou desenvolver novos para cumprir a mesma finalidade. Por exemplo, uma empresa cuja missão é "proporcionar elegância ao homem" poderia, há três ou quatro décadas, cumprir esse propósito oferecendo chapéus. Atualmente, para cumprir essa mesma missão, é necessário oferecer outros produtos.

Como contribuição, incluem-se, a seguir, alguns exemplos de missão:

A CBR Balanças[11] (localizada em Blumenau, Santa Catarina) é uma empresa especializada no comércio, manutenção e calibração de equipamentos de pesagem e automação. Considerando que soluções em pesagem são seu negócio, a CBR definiu a seguinte missão:

Oferecer soluções diferenciadas e com máxima precisão em sistemas de pesagem.

A Caixa Econômica Federal[12] definiu a seguinte missão:

Atuar na promoção da cidadania e do desenvolvimento sustentável do país como instituição financeira, agente de políticas públicas e parceira estratégica do Estado brasileiro.

O Poder Judiciário do Estado de Santa Catarina[13] definiu a seguinte missão:

Realizar justiça por meio da humanização e da efetividade na prestação adequada da solução de conflitos.

A Microsoft[14] definiu a seguinte missão:

Ajudar pessoas, empresas e parceiros a atingirem todo o seu potencial.

---

[11] CBR Balanças, **Blumenau - SC**, Planejamento estratégico, 2015.

[12] CEF, Disponível em: <http://www1.caixa.gov.br/relatorio_sustentabilidade_2013/a-caixa.html>. Acesso em 11/07/2016.

[13] Poder Judiciário do Estado de Santa Catarina. Disponível em: <http://www.tjsc.jus.br/missao-e-visao>. Acesso em 01/03/2017.

[14] HILL; JONES, op. cit., 2013, p. 14.

Com a finalidade de facilitar a definição da missão, Izquierdo e Raventos[15] propõem observar os seguintes requisitos:

A missão deve estar orientada para o exterior da empresa, rumo às necessidades da sociedade em geral, e rumo às necessidades dos indivíduos aos quais se deseja servir (no interior de uma empresa só há custos, trabalho, esforço, recursos investidos, e intenções muito boas, mas os resultados — os êxitos — estão sempre no exterior). Mais ainda, o importante não é o que se oferece ou vende, mas o serviço que se presta. Assim, para um construtor, a sua missão não é construir e vender casas e apartamentos, mas, sim, oferecer um habitat digno aos seus concidadãos.

Deve estar orientada para o futuro em longo prazo, e não para o curto prazo, e muito menos para o passado. Não se pretende rememorar o passado ou desempoeirar a tradição, nem mergulhar na história. Deve-se fazer um esforço para antecipar hoje os impactos futuros das grandes decisões de amanhã. Não devemos apenas nos esforçar em responder às mudanças, devemos ser capazes de promovê-las. Devemos praticar a inovação social.

Deve ter credibilidade, tanto para os que compõem a empresa como para os que recebem os seus serviços. Todos os que trabalham na empresa devem conhecer a missão, compreendê-la, vivê-la e se sentir atraídos e comprometidos pessoalmente com o seu êxito durante muito tempo. Do mesmo modo, os beneficiados pelos produtos ou serviços da empresa devem perceber, dia a dia, que o que se proclamou e se oferece é autêntico.

Deve ser simples, clara e direta. As missões excessivamente longas e pomposas, cheias de grandes ideias, propósitos charmosos e belas palavras podem não funcionar. Servem apenas para emoldurá-la e pendurá-la na parede. As missões mais eficazes são as mais breves.

Deve conter um alto grau de originalidade. A contribuição de uma empresa não pode ser a mesma que a de outra, nem estar demasiadamente parecida. É necessário fazer algo diferente, melhor, que distinga a empresa e que lhe proporcione orgulho e reconhecimento por parte da comunidade a que serve.

Deve ser única. Tentar cumprir várias missões ao mesmo tempo é impossível. A eficácia requer concentração em uma tarefa específica, mas que ao mesmo tempo seja ampla o suficiente para que possa se desdobrar em vários objetivos concretos que conduzam ao cumprimento da missão geral.

---

[15] IZQUIERDO, Francisco J. Palom; RAVENTOS, Lluis Tort. **Management en organizaciones al servicio del progreso humano.** Madrid: ESPASAS-CALPE, 1991, p. 99-101.

Deve ter um certo conteúdo intangível, utópico, ambicioso e idealista, mas sem deixar de ser operativa. A missão sempre deve estar relacionada a ações e resultados práticos, específicos e que possam ser alcançados.

Deve ser revisada constantemente (pelo menos a cada três ou cinco anos) e, caso seja necessário, deve ser atualizada ou redefinida. Uma prática essencial — e muito difícil de levar a cabo — é organizar o abandono de todas aquelas atividades, serviços, objetivos etc. que já foram alcançados e que já não são produtivos.

Visão Estratégica

A **visão estratégica** se refere à aspiração dos dirigentes e/ou proprietários da empresa em relação ao seu futuro no longo prazo. Neste sentido, a visão estratégica se caracteriza como uma situação futura desejada que pode servir como guia, tanto para a definição de objetivos como para a realização da missão institucional.

De acordo com Ireland, Hoskisson e Hitt[16], a visão estratégica "é a imagem do que a empresa deseja ser e, em termos gerais, do que deseja alcançar. (...) Em outras palavras, a declaração de visão direciona a empresa para onde gostaria de estar nos próximos anos."

A declaração de visão deve refletir os valores e as aspirações da empresa, tendo como principal finalidade estabelecer relações de afeto e conquistar a confiança de cada empregado, assim como de outros *stakeholders*.

Os *stakeholders*, de acordo com Barney e Hesterly[17], são todos os grupos e indivíduos que possuem interesse no desempenho da empresa, tais como acionistas, empregados, fornecedores e clientes.

Comentam também Ireland, Hoskisson e Hitt[18] que o principal dirigente é o maior responsável por trabalhar com os outros para formar a visão da empresa — a experiência mostra que a declaração da visão é mais eficaz quando são envolvidos outros *stakeholders*, tais como chefes de departamento, empregados que trabalham nas diversas áreas da empresa e até fornecedores e clientes.

Nesse sentido, Kluyver e Pearce II[19] afirmam que:

---

[16] IRELAND, R. Duane; HOSKISSON, Robert E; HITT, Michael A. **Administração Estratégica**. São Paulo: Cengage Learning, 2014. p. 19.

[17] BARNEY, Jay B.; HESTERLY, William S. **Administração Estratégica e Vantagem Competitiva:** Conceitos e casos. São Paulo: Pearson Prentice Hall, 2011, p. 215 e 386.

[18] IRELAND, HOSKISSON E HITT, op. cit., 2014, p. 19.

[19] KLUYVER, Cornelis A. de; PEARCE II. **Estratégia:** Uma visão executiva. São Paulo: Pearson/Prentice Hall, 2010. p. 11–12.

Uma declaração de visão representa os objetivos de longo prazo da alta administração para a organização — uma descrição da posição competitiva que se deseja alcançar ao longo de certo período de tempo e de quais competências essenciais devem ser adquiridas para se chegar lá. [...] Uma boa visão proporciona tanto orientação estratégica como foco motivacional.

Uma boa visão deve atender aos seguintes critérios:

- Deve ser clara, mas não tão limitada a ponto de restringir a iniciativa.
- Deve atender aos interesses legítimos e aos valores de todos os *stakeholders*.
- Deve ser factível, ou seja, passível de implementação.

Explicam também Kluyver e Pearce II[20] que, ao criar uma declaração de visão estratégica, a empresa deve considerar duas importantes lições. A primeira delas é se concentrar em um número relativamente pequeno de atividades, as quais possa desempenhar muito bem. Por exemplo, o McDonald's se tornou bem-sucedido exatamente porque se limitou aos hambúrgueres, e a Microsoft porque manteve o seu foco em software.

Quanto a segunda lição, deve-se considerar que, para obter uma posição de liderança no mercado, não basta focar os fatores que impulsionam a competição — é necessário ter uma visão voltada para a criação de um novo futuro. Com essa percepção, as disparidades entre os recursos disponíveis e as metas passam a ser vistas como desafio, e não como restrições.

A visão estratégica, de acordo com Costa[21], "consiste em desenvolver a capacidade de olhar, criticamente, o presente a partir do futuro, e não o futuro com os olhos do presente". Portanto, a visão estratégica não é um mero sonho, uma utopia, ou uma fantasia, e sim um modelo mental de um estado ou situação futura altamente desejável, de uma realidade futura possível para a empresa.

Para facilitar o entendimento desse conceito, apresentam-se, a seguir, alguns exemplos de visão estratégica:

A CBR Balanças[22] definiu a seguinte visão estratégica:

Ser a empresa de referência em sistemas de pesagem no Vale do Itajaí.

---

[20] KLUYVER; PEARCE, op. cit., 2010, p. 12.

[21] COSTA, Elizier Arantes. **Gestão Estratégica:** Construindo o futuro de sua empresa - fácil, São Paulo: Saraiva, 2012, p.13.

[22] CBR Balanças, **Blumenau - SC**, Planejamento estratégico, 2015.

A Caixa Econômica Federal[23] definiu a seguinte visão estratégica:

Estar entre os três maiores bancos brasileiros até 2022, mantendo a liderança como agente de políticas públicas.

O Poder Judiciário do Estado de Santa Catarina[24] definiu a seguinte visão estratégica:

Ser reconhecido como um judiciário eficiente, célebre e humanizado.

A Microsoft[25] possui a seguinte visão estratégica:

Ser o principal ator no setor de softwares.

Como último exemplo, apresenta-se a missão e a visão estratégica do SEBRAE – Serviço Brasileiro de Apoio às Micro e Pequenas Empresas[26]:

Missão	Promover a competitividade e o desenvolvimento sustentável dos pequenos negócios e fomentar o empreendedorismo para fortalecer a economia nacional.
Visão estratégica	Ter excelência no desenvolvimento dos pequenos negócios, contribuindo para a construção de um país mais justo, competitivo e sustentável.

Finalmente, considera-se importante destacar que é comum encontrar declarações de missão e/ou visão estratégica de forma incorreta, apresentando falhas como:

a. Fazer confusão entre missão e visão, por exemplo:

Nossa missão é ser a maior empresa do setor metal mecânico da América Latina.

A nossa empresa tem como missão ser referência nacional em serviços de transporte.

---

[23] CEF, Disponível em: <http://www1.caixa.gov.br/relatorio_sustentabilidade_2013/a-caixa.html>. Acesso em 11/07/2016.

[24] Poder Judiciário do Estado de Santa Catarina. Disponível em: <http://www.tjsc.jus.br/missao-e-visao>. Acesso em 01/03/2017.

[25] HILL; JONES, op. cit., 2013, p. 14

[26] SEBRAE – Serviço Brasileiro de Apoio às Micro e Pequenas Empresas. Disponível em: <http://www.sebrae.com.br/sites/PortalSebrae/canais_adicionais/conheca_estrategia#>. Acesso em 15/07/2016.

Nossa missão é fazer com que a empresa seja reconhecida pela excelência na prestação de serviços.

b. **Definir a missão de uma forma muito ampla e vaga, de forma que serviria para qualquer empresa, de qualquer setor, e sem identificar qualquer tipo de benefício ou necessidade que pretende satisfazer, por exemplo:**

   Nossa missão é oferecer produtos e serviços de alta qualidade a preços competitivos.

   Nossa missão é garantir o retorno sobre o capital investido, remunerando adequadamente os acionistas.

   Nossa missão é fazer com que os clientes se sintam satisfeitos e os colaboradores, motivados.

c. **Definir a missão de uma forma muito longa e vaga, dificultando o seu entendimento, por exemplo:**

   Nossa missão é buscar a liderança no mercado através do oferecimento de produtos de alta qualidade, demonstrando entusiasmo em atender ao cliente, baseados em princípios de honestidade e eficiência, respeitando a dignidade dos colaboradores e estimulando seu aperfeiçoamento contínuo, de forma que a empresa apresente um alto grau de desenvolvimento, com um retorno sempre acima da média dos concorrentes, colaborando com o desenvolvimento econômico e social do país.

4

Análise Swot — Parte I: Fatores Internos

Para que a empresa possa vir a conquistar e manter uma boa posição no mercado é necessário estar sistematicamente adaptando-se às exigências do ambiente externo. Entretanto, ainda que a análise externa seja de fundamental importância, a apreciação das condições internas também constitui um fator determinante para o sucesso ou fracasso empresarial.

Assim sendo, antes de definir objetivos e desencadear ações com a intenção de alcançá-los, é indispensável verificar se a empresa dispõe das condições necessárias para este fim. Nesse sentido, deve-se levar em conta que fatores tais como o estoque de recursos, as habilidades dos empregados, a estrutura da empresa, a cultura e o clima organizacional é que vão determinar as possibilidades de sua adaptação ao ambiente externo e, consequentemente, o êxito de suas estratégias.

Desse modo, esta parte inicial da análise SWOT aborda os fatores internos da empresa com a finalidade de identificar os seus principais pontos fortes e pontos fracos (*strengths* e *weaknesses*). Sobre este tema, Thompson Jr. e Strickland III[1] comentam:

> Um ponto forte é algo que a empresa faz bem ou uma característica que lhe proporciona uma capacidade importante. Um ponto forte pode ser uma habilidade, uma perícia importante, um recurso organizacional ou capacidade competitiva valiosa, ou um empreendimento que coloca a empresa numa posição de vantagem no mercado (como ter um produto melhor, nome mais forte, tecnologia superior ou melhor serviço ao cliente). Um ponto forte pode resultar também de alianças ou de

---

[1] THOMPSON JR.; STRICKLAND III, op. cit., 2004, p. 125.

investimentos com parceiros detentores de habilidades ou perícia que melhorem a competitividade da empresa.

Por conseguinte, os pontos fortes são os fatores positivos (internos) que podem ser utilizados como fonte de *diferenciação* e de *vantagem competitiva*, colocando assim a empresa em uma situação privilegiada quando comparada à concorrência.

De acordo com Kluyver e Pearce II[2], "uma empresa *diferencia-se* de seus concorrentes quando oferece algo único que os compradores valorizam, além do preço baixo".

Os autores comentam também que "uma empresa tem uma *vantagem competitiva* quando planeja e implementa com sucesso uma estratégia geradora de valor que os concorrentes não estejam utilizando no momento. A vantagem competitiva é *sustentável* quando atuais ou novos concorrentes não são capazes de imitá-la ou superá-la".

Kluyver e Pearce explicam que, "em termos competitivos, valor é o benefício percebido que um comprador se dispõe a pagar para uma empresa pelo que ela lhe oferece. Os clientes derivam valor da diferenciação do produto, do custo do produto e da capacidade da empresa em atender às suas necessidades. As atividades de criação de valor são, portanto, os componentes da vantagem competitiva".

Para que uma empresa possa utilizar os seus pontos fortes com a finalidade de conquistar e manter uma situação privilegiada em termos de diferenciação e vantagem competitiva, é de fundamental importância que se considere as duas seguintes observações.

Primeiramente, é necessário averiguar se cada um dos fatores internos identificados como sendo um ponto forte é comum à concorrência — quando for o caso, ele deve ser considerado um *ponto neutro*, e não um ponto forte.

Um ponto neutro é qualquer fator positivo (interno) da empresa que não apresenta possibilidades de ser utilizado como fonte de diferenciação e vantagem competitiva, isto é, se tal fator não existir, é ruim para a empresa, mas a sua existência não traz qualquer vantagem sobre a concorrência.

Por exemplo, considere o caso em que três supermercados concorrentes em uma determinada cidade estão localizados muito próximos.

Para cada um desses três supermercados, ter estacionamento para clientes não é um ponto forte, e sim um ponto neutro. Isso porque se um deles não tivesse estacionamento para clientes, estaria em uma grande desvantagem perante os outros dois concorrentes – neste caso, disponibilizar estacionamento para clientes é uma obrigação da empresa, e não um ponto forte.

---

[2] KLUYVER; PEARCE, op. cit., 2010, p. 101-103.

Como segunda observação, deve-se levar em conta, também, que ocorrem casos em que a empresa identifica um *falso ponto forte*, tal como exemplifica Porter[3]:

> Durante 18 anos, foram coletados dados em Harvard sobre um grande número de empresas norte-americanas, a fim de se avaliar sua rentabilidade em longo prazo. (...) por exemplo, a Eli Lilly, empresa farmacêutica muito conhecida, e a Arnold Industries, uma empresa de transportes. (...) As duas conseguiram um retorno sobre o capital superior a 20%, depois do pagamento dos impostos. Trata-se, portanto, de firmas com um histórico excelente, visto que as empresas da faixa média da economia nos Estados Unidos não conseguem, em condições semelhantes, um retorno superior a 12,5%.
>
> Entretanto, quando se compara essa rentabilidade com a rentabilidade média do respectivo setor de atividade, verifica-se que o desempenho da empresa farmacêutica não foi positivo. Em seu setor, a rentabilidade média chega a quase 28%; neste caso, fica evidente que a posição estratégica da Eli Lilly não é aceitável de maneira alguma e ela apenas teve uma aparência de bom resultado. Em compensação, quando se analisa o setor de fretes, sua rentabilidade média não vai além de 11%, o que nos leva a concluir que a Arnold Industries adotou uma estratégia impressionante e desenvolveu uma atividade competitiva muito clara, que lhe conferiu uma vantagem importante em relação aos concorrentes.

Esse exemplo ilustra muito bem o fato de que identificar algum fator positivo não representa, necessariamente, um ponto forte da empresa. É necessário levar em conta tanto o desempenho dos concorrentes como a possibilidade de utilizar tal fator como fonte de diferenciação e vantagem competitiva[4].

Quanto aos pontos fracos, Thompson Jr. e Strickland III[5] comentam:

> Um ponto fraco é algo que a empresa não tem ou não faz muito bem (em comparação com as outras) ou uma condição que coloca a empresa em desvantagem. Um ponto fraco não torna necessariamente

---

[3] PORTER, Michael. **A Nova Era da Estratégia**, in PORTER, Michael et al. Estratégia e Planejamento. São Paulo: Publifolha, 2002, p. 23 (coletânea HSM Management).

[4] Como já foi citado, quando um fator positivo apresentado pela empresa é comum aos concorrentes, deve ser considerado como sendo um ponto neutro, e quando, mesmo sendo positivo, representa um desempenho inferior à média do setor, tal como no exemplo de Porter, deve ser considerado como sendo um falso ponto forte, que na realidade é um ponto fraco.

[5] THOMPSON JR.; STRICKLAND III, op. cit., 2004, p. 125.

uma empresa vulnerável competitivamente, dependendo de quanto ele pese no mercado.

De tal modo, os pontos fracos se referem aos fatores negativos internos da empresa que a deixam em uma situação de desvantagem quando comparada com a concorrência.

Considerando que a situação da empresa no que diz respeito aos seus pontos fortes e pontos fracos é que vão determinar a solidez de sua capacidade competitiva, é de fundamental importância a realização da análise interna. Para isso, recomenda-se que esta seja realizada seguindo-se os itens sugeridos na Figura 4.1:

Análise interna
Identificação de pontos fortes e de pontos fracos
- Análise dos recursos empresariais
- Análise das capacidades
- Análise funcional
- Análise da estrutura organizacional[6]
- Análise da cultura e do clima organizacional

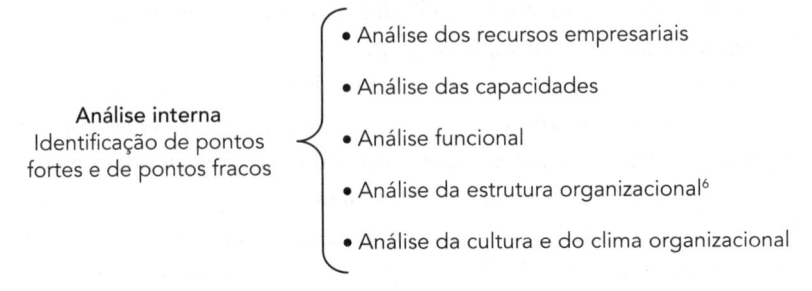

Figura 4.1: Análise do ambiente interno das empresas
Fonte: o autor

Análise dos Recursos Empresariais

Os recursos se referem aos meios físicos, financeiros, humanos, tecnológicos, organizacionais e à reputação da empresa, e podem se dividir em **tangíveis** e **intangíveis**.

Os recursos tangíveis, segundo Hill e Jones[7], "são os recursos físicos, como terrenos, prédios, instalações, equipamentos, estoque e dinheiro". Quanto aos recursos intangíveis, "são entidades não físicas criadas por gestores e por outros empregados, como nomes de marcas, a reputação da empresa, o conhecimento que os empregados ganharam com a experiência, e a propriedade intelectual da empresa, incluindo a propriedade protegida via patentes, direitos autorais e marcas registradas".

A importância da análise dos recursos reside no fato de que, para qualquer empresa desenvolver estratégias eficazes e conseguir alcançar os objetivos pretendidos, não basta saber o que deve ser feito para obter o êxito. É necessário que a empresa possua os recursos necessários para respaldar as estratégias.

---

[6] Sobre estrutura organizacional, ver Capítulo 9: Organização e Estrutura.

[7] HILL; JONES, op. cit. 2013, p. 169.

Debatendo esse tema, Itami[8] diz que muitas empresas empreendem estratégias sem dar-se conta de que não dispõem dos recursos necessários. Nesse caso, as estratégias se convertem em um simples "slogan" que não pode ser posto em prática.

Discutindo a respeito da importância da análise dos recursos empresariais, Hill e Jones[9] comentam que quanto mais um recurso for específico de uma empresa e sendo difícil de o imitar, maior a probabilidade de que esta tenha uma competência distintiva.

A competência distintiva, segundo esses autores, é um ponto forte único, específico de uma empresa, que lhe permite diferenciar melhor seus produtos e reduzir significativamente seus custos em comparação com os de seus concorrentes e, desse modo, ganhar uma vantagem competitiva.

Abordando as possibilidades de um recurso gerar vantagem competitiva, Harrison[10] afirma que ele deve satisfazer seis condições:

1. O recurso deve ter valor no mercado, permitindo à empresa a exploração de oportunidades e/ou a neutralização de ameaças.
2. O recurso deve ser único, isto é, se a empresa é a única que detém um determinado recurso, isso pode ser uma fonte de vantagem competitiva. Por outro lado, se muitas empresas detêm um determinado recurso, nenhuma delas terá vantagem.
3. O recurso não deve ter um substituto imediato disponível. Às vezes, as empresas concorrentes podem não ter o recurso, mas têm fácil acesso a outro que pode ajudá-las a atingir os mesmos resultados.
4. A empresa deve possuir sistemas organizacionais que permitam a realização de potencial. Para que o potencial que o recurso oferece seja alcançado, a empresa deve também estar organizada para aproveitá-lo.
5. A empresa deve conhecer e se dar conta das vantagens. Uma das maiores diferenças entre as empresas bem-sucedidas e as malsucedidas é a capacidade dos gerentes de reconhecer as vantagens de seus recursos e recorrer a elas.
6. O recurso deve ser difícil ou caro de ser imitado, de modo que as empresas concorrentes enfrentem desvantagens de custo para imitá-los. Quanto mais difícil ou mais caro for um recurso, mais valioso ele será para gerar vantagem competitiva sustentável.

---

[8] ITAMI, Hiroyuki. **Los activos invisibles**, em CAMPBELL, Andrew; LUCHS, Kathlenn Sommers. **Sinergia Estratégica**. Bilbao: Deusto, 1994, p. 49.

[9] HILL; JONES, op. cit., 2013, p. 170.

[10] HARRISON, Jeffrey S. **Administração Estratégica de Recursos e Relacionamentos**, Porto Alegre: Bookman, 2005, p. 78-79

Nessa mesma linha de raciocínio, Barney e Hesterly[11] comentam que a avaliação do potencial dos diferentes recursos para gerar vantagens competitivas pode ser feita a partir de quatro questões que devem ser cuidadosamente observadas pelos dirigentes da empresa: valor, raridade, imitabilidade e organização.

1. **A questão do valor:** Os recursos são valiosos na medida em que permitem que a empresa explore uma oportunidade externa ou neutralize uma ameaça externa.

2. **A questão da raridade:** Se um determinado recurso é controlado por muitos concorrentes, então tal recurso dificilmente será uma fonte de vantagem competitiva para qualquer empresa — por outro lado, quando um determinado recurso é raro (ou pouco comum), maior será a possibilidade de se tornar uma fonte de vantagem competitiva.

3. **A questão da imitabilidade:** Os recursos empresariais raros e valiosos somente podem ser fonte de vantagem competitiva sustentável quando as empresas concorrentes enfrentam dificuldades para imitar ou para substituir por outro que produza o mesmo efeito.

4. **A questão da organização:** O potencial de uma empresa para gerar vantagem competitiva depende do valor, da raridade e da imitabilidade de seus recursos. No entanto, para aproveitar esse potencial máximo, a empresa deve também estar organizada de forma adequada para explorar os seus recursos — para isso, inúmeros componentes são relevantes; destacam-se: a sua estrutura formal com uma clara descrição de quem se reporta a quem, seus sistemas formais e informais de controle gerencial e suas políticas de remuneração.

Tanto os recursos tangíveis como os intangíveis, na medida em que satisfazem as condições anteriormente descritas, aumentam as suas possibilidades de originar vantagem competitiva. Todavia é importante destacar que, comparativamente, os recursos intangíveis constituem uma fonte de diferenciação e de vantagem competitiva com um potencial maior do que os tangíveis.

Nesse sentido, Ireland, Hoskisson e Hitt[12] asseveram que "como os recursos intangíveis são menos visíveis e mais difíceis de serem entendidos, comprados, imitados ou substituídos, as empresas preferem depender mais deles do que dos tangíveis como base para suas capacitações."

---

[11] BARNEY; HESTERLY, op. cit., 2011, p. 61-72.
[12] IRELAND; HOSKISSON e HITT, op. cit., 2014, p. 74.

Comentando a respeito do tema recurso/estratégia, Itami[13] argumenta que "quando os recursos e a estratégia estão bem ajustados, dar-se-ão umas vantagens de combinação tanto na utilização dos recursos, como na acumulação dos ativos."

Estas *vantagens de combinação*, de acordo com Itami[14], resultam de um conjunto de elementos estratégicos que, quando utilizados com eficiência e eficácia, geram dois tipos de efeito: o complementar e o sinérgico.

O *efeito complementar*, que geralmente está associado ao uso combinado de recursos tangíveis, enfoca a plena utilização de uma capacidade qualquer, por exemplo: uma empresa que se dedica à produção de derivados da mandioca pode aproveitar os equipamentos ociosos durante a entressafra para se dedicar à produção de outros produtos, tal como o amido de milho. Ou ainda, os caminhões da empresa que são utilizados para levar produtos aos clientes podem prestar serviços de frete para não retornarem vazios, diminuindo assim os custos operacionais das entregas.

Quanto ao *efeito sinérgico*, a combinação vai mais além do que a simples utilização da plena capacidade dos recursos. A sinergia obtida cria algo novo, cujos efeitos são mais significativos e de maior amplitude do que o efeito complementar.

O efeito sinérgico está associado aos recursos intangíveis, os quais produzem um efeito mais multiplicativo do que aditivo, por exemplo: uma mesma marca pode ser utilizada em diversos produtos, sem qualquer ônus à empresa, tal como fez a Nestlé. A marca *Prestígio* inicialmente se referia apenas a um tipo de chocolate; na atualidade, ela também é utilizada em outros produtos, como sorvete, biscoito e ovo de páscoa.

Devido às suas possibilidades de gerar efeitos sinérgicos, os recursos intangíveis constituem a principal fonte de diferenciação e de vantagem competitiva da empresa. Além disso, como foi citado no exemplo da marca Prestígio, os recursos intangíveis possuem a vantagem de permitir a utilização sem gasto adicional (sinergia/vantagem gratuita), o que não ocorre com os recursos tangíveis.

Outro exemplo que ilustra o conceito de vantagem gratuita é exposto por Ireland, Hoskisson e Hitt[15]: a Harley-Davidson tem a reputação de produzir motocicletas de alta qualidade com designs exclusivos. Devido à popularidade e à reputação de sua marca, a empresa produz uma vasta gama de acessórios, que vende com base em sua reputação. Óculos de sol, joias, cintos, carteiras, camisas, calças e chapéus são apenas alguns exemplos da grande variedade de acessórios que os clientes podem comprar em uma concessionária Harley-Davidson ou em suas lojas virtuais.

---

[13] ITAMI, op. cit., 1994, p. 54.
[14] ITAMI, op. cit., 1994, p. 56-62.
[15] IRELAND, HOSKISSON E HITT, op. cit., 2014, p. 74.

Análise das Capacidades Empresariais

As capacidades se referem às habilidades (ou talento) para utilizar os recursos de uma maneira combinada e coordenada com as pessoas e com os processos organizacionais, de uma forma que seja possível levar a cabo os fins desejados.

De acordo com Hill e Jones[16], "as capacidades são habilidades de uma empresa para coordenar seus recursos e atribuir-lhes uma utilidade produtiva. Essas habilidades residem nas regras, rotinas e procedimentos de uma organização, ou seja, no estilo ou na maneira como ela toma decisões e gerencia seus processos internos para atingir objetivos organizacionais".

Nessa mesma linha de raciocínio, Andrews[17] comenta que a capacidade de uma empresa é sua aptidão demonstrada e o potencial para atingir, apesar das circunstâncias opostas ou da concorrência, o que quer que tenha se proposto a fazer.

Explanando a respeito desse tema, Barney e Hesterly[18] comentam:

> Capacidades formam um subconjunto dos recursos de uma empresa (...) que permitem à empresa aproveitar por completo outros recursos que controla. Isto é, as capacidades, sozinhas, não permitem que uma empresa crie e implemente estratégias, mas permitem que ela utilize outros recursos para criar e implementar estratégias. Exemplos de capacidades podem incluir as competências de marketing de uma empresa, seu trabalho em equipe e a cooperação entre as gerências.

Conforme foi dito anteriormente[19], para que a empresa possa desenvolver estratégias eficazes e conseguir alcançar os objetivos, não basta saber o que deve ser feito para obter êxito. É preciso possuir os recursos necessários para respaldar as estratégias. Entretanto, além de possuir os recursos com as características necessárias, o desenvolvimento de vantagens competitivas exige também que a empresa possua capacidade para tal.

Sobre isso, Dierickx e Cool[20] argumentam que a vantagem competitiva reside tanto no estoque de recursos como nas capacidades da empresa. Argumentam também que

---

[16] HILL; JONES, op. cit. 2013, p. 170.

[17] ANDREWS, Kenneth R. O conceito de estratégia. In: MINTZBERG, Henry; LAMPEL Joseph; QUINN, James Brian; GHOSHAL, Sumantra. **O Processo da Estratégia**: Conceitos, contextos e casos selecionados. Porto Alegre : Bookman, 2006, p. 81.

[18] BARNEY; HESTERLY, op. cit., 2011, p. 58

[19] Ver no Capítulo 4: Análise dos Recursos Empresariais.

[20] DIERICKX, Ingemar; COOL, Karel. Assets stock accumulation and sustainability of competitive advantage, **Management Science**, Vol. 35, Nº 12, December, 1989, p. 1504-1513.

a sustentação dessa posição privilegiada depende basicamente da facilidade com que os recursos e as capacidades podem ser imitados e/ou substituídos.

Assim sendo, é recomendável que a empresa procure desenvolver estratégias com a finalidade de explorar atividades que possa fazer melhor do que os seus concorrentes, em função das características de sua base de recursos e capacidades.

Isto é, a empresa deve buscar oportunidades de produto/mercado no que a sua base de recursos e capacidades possa vir a ser utilizada como fonte de diferenciação e vantagem competitiva.

Abordando esse tema, Hill e Jones[21] comentam que, quando uma empresa tem uma valiosa vantagem competitiva, os concorrentes tentarão identificar e imitar essa competência. Na maioria das vezes, as competências que são mais fáceis de serem imitadas ou copiadas são aquelas que se baseiam em recursos tangíveis, como instalações, prédios e equipamentos. Esses recursos são facilmente adquiridos no mercado, eliminando assim a vantagem competitiva de sua empresa.

Por outro lado, quando a vantagem competitiva se baseia em recursos intangíveis e em capacidades, a imitação se torna muito mais difícil. Em se tratando dos recursos intangíveis, é particularmente verdadeiro no caso de nomes de marcas, que são importantes porque simbolizam a reputação de uma empresa.

Quanto às capacidades, tornam-se ainda mais difíceis de serem imitadas, principalmente porque elas se baseiam nas maneiras através das quais as decisões são tomadas e os processos empresariais são manejados. Os concorrentes podem até ter *insights* sobre como uma empresa opera, contratando pessoas que saíram dela. No entanto, as capacidades de uma empresa raramente residem em uma única pessoa.

Considerando que para o desenvolvimento de vantagens competitivas a empresa deve ter habilidade para identificar quais são as capacidades críticas para o seu sucesso, apresenta-se, a seguir, um exemplo que pode servir de modelo para identificação, classificação e desenvolvimento de capacidades funcionais.

---

[21] HILL; JONES, , op. cit., 2013, p. 172-174

Quadro 4.1: Exemplos de capacitações da empresa

Áreas funcionais	Competências essenciais	Exemplos de empresas
Distribuição	• Uso efetivo de técnicas de gestão logística	• Walmart
Recursos humanos	• Movimentar, capacitar e manter funcionários	• Microsoft
Sistemas de gerenciamento de informações	• Controle efetivo e eficiente dos estoques por meio de métodos de coleta de dados de pontos de venda	• Walmart
Marketing	• Promoção eficaz dos produtos da marca • Serviço eficaz de atendimento ao cliente • Merchandising inovador	• Procter & Gamble • Ralph Lauren Corp. • McKinsey & Co.
Gestão	• Capacidade de visualizar o futuro do mercado de roupas	• Hugo Boss • Zara
Fabricação	• Design e habilidades de produção que geram resultados confiáveis • Qualidade de design e produto • Miniaturização de componentes e produtos	• Komatsu • Sony
Pesquisa e desenvolvimento	• Tecnologia inovadora • Desenvolvimento de soluções sofisticadas de controle de elevador • Transformação rápida da tecnologia em novos produtos e processos • Tecnologia digital	• Caterpillar • Otis Elevator Co. • Chaparral Steel • Thompson Consumer Eletronics

Fonte: adaptado de IRELAND, HOSKISSON e HITT, op. cit., 2014, p. 75.

Ireland, Hoskisson e Hitt[22] comentam que "as competências essenciais são recursos e capacidades que servem de fonte de vantagem competitiva para uma organização em relação a seus concorrentes. (...) Competências essenciais distinguem uma organização em termos competitivos e refletem a sua personalidade. As competências essenciais

---

[22] IRELAND, HOSKISSON E HITT, op. cit., 2014, p. 17 e 75.

surgem com o decorrer do tempo por meio de um processo organizacional de acumular e aprender como acumular e distribuir diferentes recursos e capacitações."

De acordo com Kluyver e Pearce II[23], as competências essenciais são capacidades que permitem a uma empresa criar vantagem competitiva. Não se trata apenas de identificar o que a empresa faz especialmente bem, e sim de identificar os conjuntos de habilidades ou sistemas que criam um valor alto e singular para os clientes.

Assim sendo, é de fundamental importância que a empresa trate de identificar os sistemas, as tarefas ou as atividades que causam maior impacto na criação de valor para os clientes. Por exemplo, um restaurante pode se diferenciar com base em recursos tangíveis, tais como localização, estacionamento, facilidade de acesso, climatização e iluminação. Entretanto, o impacto positivo na geração de valor será maior à medida que ele desenvolve competências baseadas em recursos intangíveis e capacidades, como a reputação do nome da marca, a experiência dos proprietários, a confiabilidade conquistada ao longo do tempo, a qualidade e atratividade do cardápio etc.

Além do modelo para a identificação das capacidades críticas ao sucesso da empresa, pode-se utilizar também a cadeia de valor proposta por Porter[24], que é uma forma sistemática de examinar todas as atividades que a empresa desempenha e como interatuam.

Tratando deste tema, Barney e Hesterly[25] comentam:

> A cadeia de valor de uma empresa é um conjunto de atividades empresariais a que ela se dedica para desenvolver, produzir e comercializar seus produtos e serviços. Cada etapa da cadeia de valor de uma empresa requer a aplicação e integração de diferentes recursos e capacidades. Como empresas diferentes podem fazer escolhas diferentes sobre as atividades da cadeia de valor às quais se dedicarão, podem acabar desenvolvendo diferentes conjuntos de recursos e capacidades. Isso pode acontecer inclusive se essas empresas estiverem operando no mesmo setor. Essas escolhas podem ter implicações sobre as estratégias que uma empresa está perseguindo e (...) também podem ter implicações para a sociedade em geral.

---

[23] KLUYVER; PEARCE, op. cit., 2010, p. 91.

[24] PORTER, Michael E. **Ventaja competitiva:** Creación y sostenimiento de un desenpeño superior, México: CECSA, 1994a, p. 51-78.

[25] BARNEY; HESTERLY, op. cit., 2011, p. 63.

Porter considera que, para que possa diagnosticar as suas fontes de vantagem competitiva, a empresa deve realizar uma análise sistemática de sua cadeia de valor, conforme se apresenta na Figura 4.2, a seguir:

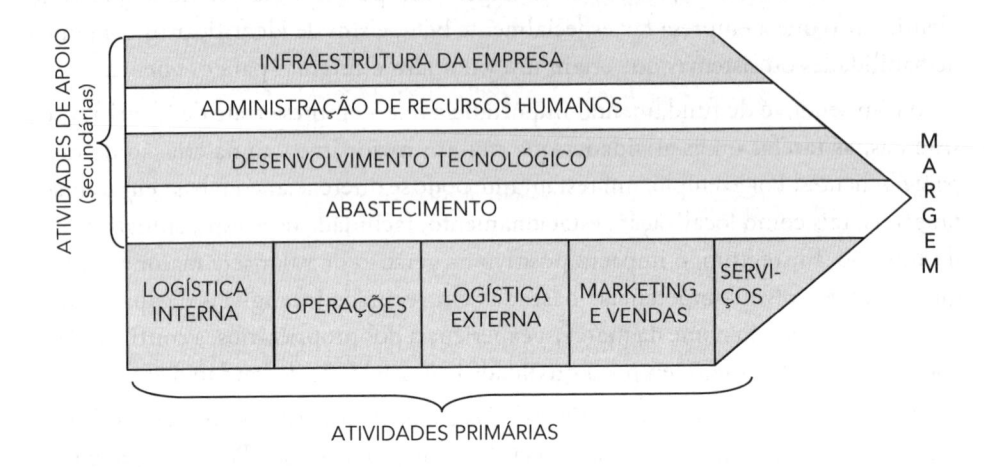

Figura 4.2: A cadeia de valor
Fonte: adaptado de Porter, op. cit. (1994a), p. 55.

A cadeia de valor "desdobra" a empresa em *atividades estrategicamente relevantes* (atividades de valor e de margem) para compreender o comportamento dos custos e das fontes de diferenciação existentes e potenciais. Uma empresa obtém a vantagem competitiva desempenhando essas atividades estrategicamente relevantes mais barato e melhor do que seus concorrentes.

As atividades de valor são as diferentes atividades físicas e tecnológicas que a empresa desempenha com a finalidade de criar produtos valiosos para seus clientes. E a **margem** é a diferença entre o valor total e o custo coletivo de desempenho das atividades de valor. Isto é: é a diferença entre a quantidade total que os clientes estão dispostos a pagar pelo que a empresa lhes proporciona e o custo total para desempenhar todas as atividades físicas e tecnológicas necessárias.[26]

As atividades de valor, segundo Porter, estão divididas em atividades primárias e atividades secundárias (ou de apoio).

As **atividades primárias** incluem a criação física do produto, sua venda, a transferência e a assistência pós-venda. Essas atividades estão divididas em cinco grupos:

---

[26] PORTER, op. cit. (1994a), p. 54.

a. **Logística interna:** São as atividades associadas ao recebimento, ao armazenamento e à distribuição de insumos do produto, tais como o manejo de materiais, o controle de inventários etc.

b. **Operações:** São as atividades associadas à transformação de insumos em produtos acabados, tais como a utilização de máquinas, a manutenção dos equipamentos, a embalagem etc.

c. **Logística externa:** São as atividades relacionadas à distribuição física dos produtos aos clientes, tais como a programação e o manejo dos pedidos, a operação dos veículos de entrega etc.

d. **Marketing e vendas:** São as atividades que visam proporcionar um meio pelo qual os clientes possam comprar os produtos e induzi-los a fazê-lo, tais como a propaganda, a promoção, a força de vendas, a seleção de canais, a determinação de preços etc.

e. **Serviços:** São as atividades associadas à prestação de serviços para realçar ou manter o valor do produto, tais como a assistência técnica, os consertos e reparos, as reposições e os ajustes do produto.

As **atividades de apoio** (ou secundárias) são as que "sustentam" as atividades primárias, permitindo que estas sejam levadas a cabo. Tais atividades estão divididas em quatro grupos:

a. **Abastecimento:** Refere-se à função de comprar os insumos utilizados na cadeia de valor da empresa. Os insumos comprados incluem matérias-primas, provisões e outros artigos de consumo, assim como ativos, tais como máquinas, equipamentos e edifícios.

b. **Desenvolvimento de tecnologia:** Refere-se ao conjunto de conhecimentos (métodos, técnicas, instrumentos etc.) que são desenvolvidos com a finalidade de melhorar o produto e o processo de produção.

c. **Administração de recursos humanos:** Refere-se às atividades relacionadas ao recrutamento, seleção, contratação, treinamento, desenvolvimento e compensação dos recursos humanos. A administração de recursos humanos deve respaldar tanto as atividades primárias como as de apoio.

d. **Infraestrutura da empresa:** Refere-se a atividades tais como a administração geral, o planejamento, as finanças, a contabilidade, os assuntos legais, a administração da qualidade etc. A infraestrutura da empresa, de forma diferente de outras atividades, apoia a cadeia de valor como um todo, e não as atividades individuais.

Finalmente, para facilitar o entendimento de como a empresa pode administrar a cadeia de valor, apresenta-se a seguir um exemplo que trata da compra de um computador com impressora por um determinado cliente:

A Figura 4.3 mostra que a satisfação e, consequentemente, o valor para o cliente resulta da capacidade que a empresa deve ter para desempenhar eficazmente uma série de atividades estrategicamente relevantes. Assim sendo, à medida que tais atividades são levadas a cabo de uma forma melhor do que a da concorrência, a empresa consegue obter vantagem competitiva.

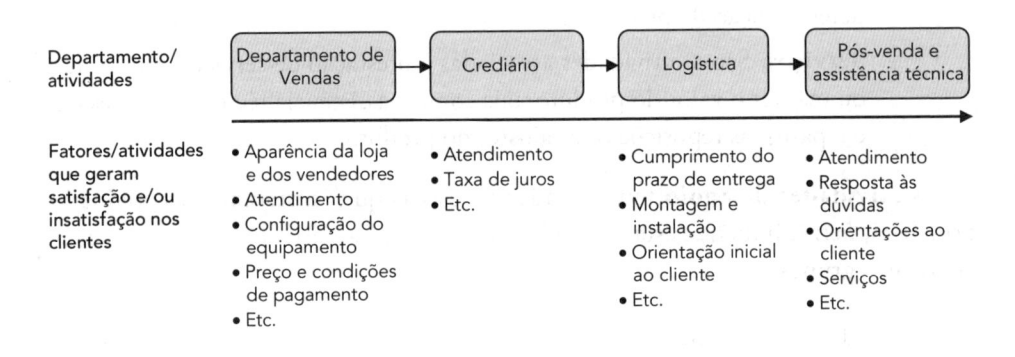

Departamento/ atividades	Departamento de Vendas	Crediário	Logística	Pós-venda e assistência técnica
Fatores/atividades que geram satisfação e/ou insatisfação nos clientes	• Aparência da loja e dos vendedores • Atendimento • Configuração do equipamento • Preço e condições de pagamento • Etc.	• Atendimento • Taxa de juros • Etc.	• Cumprimento do prazo de entrega • Montagem e instalação • Orientação inicial ao cliente • Etc.	• Atendimento • Resposta às dúvidas • Orientações ao cliente • Serviços • Etc.

Figura 4.3: Exemplo de criação de valor para o cliente
Fonte: o autor

Análise das Áreas Funcionais da Empresa

No Capítulo 2, na seção "Caracterização da Empresa", comentou-se que as pequenas empresas, mesmo possuindo poucos ou nenhum funcionário e uma estrutura muito simples, desenvolvem as mesmas atividades funcionais comumente encontradas nas empresas maiores. Assim sendo, ainda que grande parte dessas atividades sejam exercidas e controladas pessoalmente pelo proprietário, a sua análise é imprescindível.

De tal modo, a descrição realizada na ocasião da elaboração do diagnóstico inicial, conforme se comentou no Capítulo 2, deve ser utilizada como ponto de partida para a identificação de pontos fortes e pontos fracos da empresa. Nesse sentido, recomenda-se que sejam analisadas as áreas funcionais da empresa, tais como marketing, produção, logística/materiais, recursos humanos e finanças.

Sobre esse tema, Harrison[27] comenta que as áreas funcionais da empresa devem ser incluídas em uma auditoria com a finalidade de verificar se há consistência entre elas, e o quanto cada uma delas dá suporte às estratégias da empresa.

Harrison comenta também que as decisões coletivas e a execução das atividades diárias dos gerentes e dos funcionários responsáveis pela criação de valor resultam nas estratégias funcionais usadas para implementar as estratégias de crescimento e de competitividade da empresa.

É importante destacar também que, além de facilitar a identificação de pontos fortes e pontos fracos, a análise das áreas funcionais da empresa também contribui para a realização da análise do ambiente externo, uma vez que lida com fatores tais como clientes e fornecedores. Dessa forma, sem a intenção de ser exaustivo, sugere-se a realização de uma análise das atividades funcionais da empresa[28] com a finalidade de identificar os seus principais pontos fortes e pontos fracos.

A Função do Marketing

A função do marketing[29] está relacionada ao processo de planejar e executar o desenvolvimento, o preço, a promoção e a distribuição de ideias, bens e serviços para criar trocas que satisfaçam objetivos de indivíduos e empresas.

De acordo com Certo e Peter[30], a missão da empresa, os seus objetivos e as suas estratégias fornecem estrutura e direção às estratégias de marketing, cujo principal foco é o conhecimento daquilo que se ajusta ao cliente ou o influencia, no esforço de aumentar as vendas e a participação no mercado, aumentando assim os lucros em longo prazo.

---

[27] HARRISON, op. cit., 2005 p. 227.

[28] Roteiro para a análise das áreas funcionais adaptado de: CAVALCANTI, Marly; FARAH, Osvaldo E.; MELLO, Álvaro A. A. **Diagnóstico Organizacional:** Uma metodologia para pequenas e médias empresas, São Paulo, Loyola, 1981; MENGUZZATO, Martina; RENAU, Juan José. **La Dirección Estratégica de la Empresa:** Un enfoque innovador del management, Barcelona: Editorial Ariel, 1992, e SOBRAL; PECI, op. cit., 2013.

[29] Conceito adaptado de SOBRAL; PECI, op. cit., 2013, p. 457.

[30] CERTO, Samuel C.; PETER, J. Paul. **Administração Estratégica:** Planejamento e implementação da estratégia, São Paulo: Pearson Education do Brasil, 2010, p. 167.

Desse modo, recomenda-se que, para identificar os principais pontos fortes e pontos fracos da empresa na área do marketing, seja realizado um diagnóstico que inclua pelo menos atividades como:

a. **Atividades operacionais de vendas** (organização e análise de informações relevantes nas áreas de vendas e marketing[31]):
   - Arquivo sobre a carteira de clientes: Criar e manter atualizado um arquivo com informações relevantes sobre a carteira de clientes.
   - Sistema de registros internos[32]: Criar um sistema de registro interno com informações referentes a pedidos, vendas realizadas, preços praticados por produtos, reclamações de clientes, inadimplência por cliente e total etc.
   - Controle da carteira de clientes: Elaborar uma curva ABC[33] por cliente (fazer uma lista/quadro com o nome de cada cliente, indicando o percentual que cada um representa sobre o volume total de vendas realizadas pela empresa).

b. **Produto:**
   - Análise das características dos produtos, em comparação com os da concorrência, levando em conta fatores como tamanho, embalagem, rótulo, características tecnológicas, qualidade etc.
   - Análise de aspectos relacionados aos produtos, como garantia e serviços pós-vendas.
   - Análise da lucratividade e do potencial de vendas de cada produto.

c. **Preço:**
   - Breve descrição de como são estabelecidos os preços de venda de cada produto e/ou serviço.
   - Comparação dos preços praticados com os da concorrência.
   - Análise das condições de créditos, dos prazos de pagamentos e dos descontos concedidos, em comparação com os praticados pela concorrência.

d. **Vendas, concorrência e participação do mercado:**

---

[31] Conforme se comentou no Capítulo 2, embora as atividades de vendas façam parte do composto de marketing, aqui elas são analisadas separadamente.

[32] Adaptado de SOBRAL; PECI, op. cit., 2013, p. 464.

[33] Ver sobre curva ABC em ANDRADE, Arnaldo Rosa de. **Planejamento Estratégico:** Formulação, implementação e controle, São Paulo: Atlas, 2018.

- Análise da evolução da demanda e da lucratividade por produto/serviço e do mercado potencial, identificando as causas da existência de segmentos não atendidos.
- Análise das áreas geográficas nas quais os produtos são vendidos com a identificação de possíveis áreas nas quais os produtos não estão sendo vendidos.
- Análise da participação da empresa no mercado, em comparação com a concorrência.
- Breve descrição dos concorrentes, incluindo ao menos: (1) lista de seus principais produtos/serviços; (2) localização geográfica de cada concorrente; (3) tamanho de suas empresas; (4) percentual de participação no mercado; (5) política de preços; (6) canais de distribuição utilizados.
- Descrição dos diferenciais que a empresa possui (em relação à concorrência).
- Análise do posicionamento da(s) marca(s): Situação relativa aos principais concorrentes.
- Análise da eficiência da força de vendas.
- Breve descrição sobre o cumprimento de prazos de entrega dos produtos vendidos.

e. **Composto de comunicação:**
- Breve relato sobre os veículos promocionais utilizados, tais como propaganda/comunicação com os clientes, promoção de vendas, venda pessoal etc.
- Descrição das mídias utilizadas (rádio, televisão, internet etc.).

f. **Distribuição:**
- Descrição e análise da eficiência dos canais de distribuição que a empresa utiliza.

A Função de Produção/Operações

A administração da produção, também chamada de operações, de acordo com Moreira[34], "diz respeito àquelas atividades orientadas para a produção de um bem físico ou à prestação de um serviço. Neste sentido, a palavra 'produção' liga-se mais de

---

[34] MOREIRA, Daniel Augusto, **Administração da Produção e Operações**, São Paulo: Pioneira Thomson Learning, 2004, p. 1.

perto às atividades industriais, enquanto a palavra 'operações' refere-se às atividades desenvolvidas em empresas de serviço".

Discutindo a respeito dessa função, Sobral e Peci[35] comentam que a sua importância para as empresas se deve a vários motivos.

Primeiro, todas as empresas produzem algo, e a administração da produção/operações é necessária para gerenciar as atividades de seu processo de transformação. Isso é válido tanto para as empresas que produzem serviços, como as escolas e os hospitais, como para aquelas que produzem bens físicos, tais como celulares ou televisores.

Em segundo lugar, a área da produção/operações se inter-relaciona com as demais áreas funcionais. Por exemplo, o planejamento da produção deve ser articulado com o departamento de marketing com base na demanda, assim como a melhoria da produtividade deve ser articulada com o departamento de recursos humanos por meio do desenvolvimento de ações de treinamento para os trabalhadores.

Finalmente, por meio da melhoria da produtividade, da eficiência e da qualidade dos produtos e serviços, a administração da produção/operações permite que a empresa agregue valor e atenda às prioridades competitivas de seus clientes.

Assim, para que seja possível identificar os principais pontos fortes e pontos fracos na área da produção/operações, recomenda-se que o diagnóstico a ser realizado inclua informações tais como:

a. **Planejamento e controle da produção:**
   - Descrição de como a produção é programada (ordens de produção sob encomenda ou para estocagem?).
     – Sistema de produção contínua?
     – Sistema de produção por lotes ou por encomendas?
     – Sistema de produção por projeto?
   - Descrição dos métodos de controle da produção e controle da qualidade utilizados:
     – Sistema de controle da produção através de ordens de produção ou apenas controle visual?
     – Breve descrição da eficiência do(s) programa(s) de controle de qualidade atualmente utilizados.

---

[35] SOBRAL; PECI, op. cit., 2013, p.409-410.

b. Arranjo físico das instalações:
- Descrição e análise da forma como estão dispostas as máquinas, equipamentos, postos de trabalho etc.
  - Breve descrição/fluxogramação dos processos de produção de cada produto.
  - Descrição e análise do *layout* da área de produção.

c. Análise da capacidade de produção da empresa:
- Verificação da quantidade máxima de produtos e serviços que podem ser produzidos em determinado período como forma de decidir a quantidade máxima de pedidos aceitáveis.
- Identificação da capacidade total de produção e verificação de se a empresa está trabalhando com capacidade ociosa.
- Breve descrição dos programas de manutenção preventiva e corretiva das máquinas e/ou equipamentos da empresa.
- Breve descrição dos critérios atualmente utilizados para medir o desempenho/produtividade (da empresa como um todo e do pessoal da produção).

A Função de Logística/Materiais

A administração de materiais, ou administração da logística, segundo Arnold[36], é a função responsável pelo planejamento e controle do fluxo de materiais, cuja finalidade é maximizar a utilização dos recursos das empresas e fornecer o nível requerido de serviços ao consumidor.

Abordando esse tema, Dias[37] comenta que a administração de materiais está tomando forma mais ampla, com mais atribuições e responsabilidades, e vem sendo chamada de logística.

O autor comenta também que:

> Um sistema logístico integrado, que começa no planejamento das necessidades de materiais e termina com a colocação do produto acabado para o cliente final, deve ser desenvolvido dentro de uma realidade de vendas e de disposição dos recursos financeiros. Esse sistema deve

---

[36] ARNOLD, J. R. Tony, **Administração de Materiais:** Uma introdução, São Paulo: Atlas, 2009, p. 9.

[37] DIAS, Marco Aurélio P. **Administração de Materiais:** Princípios, conceitos e gestão, São Paulo: Atlas, 2012, p. 2.

preocupar-se com um dos fatores básicos para o dimensionamento de estoques e com a eficácia do processo produtivo, que é o 'quando' repor os estoques, ao contrário do tradicional 'quanto' comprar. Possuir a quantidade certa no tempo errado não resulta em benefícios.

Desse modo, para facilitar a identificação de pontos fortes e pontos fracos na área de materiais/logística, deve-se realizar um diagnóstico que inclua pelo menos as seguintes informações:

a. Carteira de fornecedores: Elaborar uma curva ABC por fornecedor (fazer uma lista/quadro com o nome de cada fornecedor, indicando o percentual que cada um representa sobre o volume total das despesas realizadas com compras).
b. Elaborar uma lista das principais matérias-primas compradas, indicando o nome do(s) fornecedor(es) atual(is) e possíveis fornecedores futuros (alternativos).
c. Descrição dos procedimentos utilizados para compras/contratação de serviços, incluindo o tipo de aprovação necessária à aquisição das diversas compras de materiais e/ou contratação de serviços.
d. Descrição dos critérios utilizados para a escolha/aprovação de novos fornecedores/prestadores de serviços.
e. Descrever os métodos atuais utilizados para a realização do controle de estoques.
f. Descrever/analisar as principais atividades de armazenamento e movimentação de materiais (descrever e analisar o *layout* do almoxarifado e os principais fluxos/movimentação de materiais).
g. Descrever/analisar as atividades de transporte e distribuição de matérias-primas e de produtos acabados.

A Função de Recursos Humanos/Gestão de Pessoas

A administração de recursos humanos/gestão de pessoas surgiu, inicialmente, com o nome de administração de pessoal, e se caracterizava como responsável pela gestão dos aspectos burocráticos legais, tais como formalização do contrato de trabalho, registro de faltas, atrasos e horas trabalhadas, elaboração da folha de pagamento, admissões, demissões, férias, pagamento de impostos etc.

Posteriormente, este setor passou a exercer outras atividades relacionadas à gestão de pessoas, tais como recrutamento e seleção de pessoal, treinamento e desenvolvimento de pessoas, plano de carreira etc.

Atualmente, quando se utiliza o termo administrador de recursos humanos, não se está limitando a um departamento específico, uma vez que essa função é exercida em todas as áreas da empresa.

Tratando dessa questão, Lacombe[38] comenta que os administradores de recursos humanos são os chefes, os gerentes de cada unidade da empresa, que são responsáveis por atividades como os resultados de sua área e de seus subordinados, pela motivação e pela avaliação de seus subordinados, assim como o *feedback* sobre o seu desempenho, pela participação nos processos de treinamento e desenvolvimento de seus subordinados etc.

Assim, para possibilitar a identificação de pontos fortes e pontos fracos nessa área, recomenda-se a realização um diagnóstico que inclua pelo menos atividades como:

a. Análise da eficiência da gestão dos aspectos burocráticos legais.

b. Descrição dos meios utilizados para recrutar e selecionar pessoal (tanto pessoal administrativo como da produção).

c. Descrição dos critérios utilizados para dividir o trabalho (tanto entre o pessoal administrativo como entre o da produção).

d. Descrição dos critérios utilizados para estabelecer os salários (tanto do administrativo como da produção).

e. Descrição dos procedimentos utilizados para treinar o pessoal (tanto administrativo como da produção).

f. Descrição dos procedimentos utilizados para avaliar o desempenho do pessoal (tanto administrativo como da produção).

g. Descrição dos critérios utilizados pela empresa para promover o pessoal e ajustar os salários (tanto administrativo como da produção).

h. Descrição das condições gerais da empresa em termos de segurança no trabalho.

i. Descrição dos planos de benefícios oferecidos pela empresa a seus empregados.

---

[38] LACOMBE, Francisco José Masset, **Recursos Humanos**: Princípios e tendências, São Paulo: Saraiva, 2005, p. 19.

A Função Financeira

A função financeira, de acordo com Braga[39], compreende o conjunto de atividades relacionadas à gestão dos recursos financeiros movimentados por todas as áreas da empresa. Essa função é responsável pela obtenção dos recursos necessários e pela formulação de uma estratégia voltada para a otimização do uso desses recursos.

Discutindo esse tema, Sanvicente[40] comenta que uma das possíveis maneiras de se caracterizar a função financeira de uma empresa é categorizar as áreas que exigem tomada de decisões pelos executivos responsáveis, ou que definem o tipo de problema com o qual estão envolvidos: investimento, financiamento e utilização do lucro líquido.

O investimento diz respeito à avaliação e escolha das alternativas de aplicação de recursos nas atividades normais da empresa. Consiste, assim, em um conjunto de decisões que visam dar à empresa a estrutura ideal em termos de ativos para que os seus objetivos sejam atingidos.

O financiamento trata da definição e alcance de uma estrutura ideal em termos de fontes de recursos, dada a composição dos investimentos. Assim, a empresa deve buscar os recursos necessários para financiar a sua estrutura de investimento ao custo mais baixo possível.

Quanto à utilização do lucro líquido, os dirigentes devem se preocupar com a destinação dada aos recursos financeiros que a empresa gera em suas atividades operacionais e extraoperacionais.

Sobre esse tema, é importante destacar que, conforme será discutido adiante, neste capítulo, na seção "Pontos Fortes e Pontos Fracos Comuns às Pequenas Empresas", é comum que os proprietários das pequenas empresas façam confusão entre a pessoa física do proprietário e a pessoa jurídica, dificultando a gestão financeira do empreendimento.

Para a identificação de pontos fortes e pontos fracos na área financeira, recomenda-se que as seguintes informações sejam providenciadas:

a. Descrição da forma através da qual a empresa realiza o controle de contas a pagar, contas a receber, fluxo de caixa e controle bancário.

---

[39] BRAGA, Roberto, **Fundamentos e Técnicas de Administração Financeira**, São Paulo: Atlas, 2013, p. 23.

[40] SANVICENTE, Antônio Zoratto, **Administração Financeira**, São Paulo: Atlas, 2013, p. 15.

b. Descrição dos investimentos realizados nos últimos três anos, comentando sobre os retornos obtidos.

c. Descrição dos recursos financeiros e empréstimos solicitados nos últimos três anos, citando quais foram as fontes de financiamento utilizadas, destacando as vantagens e desvantagens de cada uma delas.

d. Análise dos lucros e perdas nos últimos três anos, destacando a destinação dos lucros obtidos (quando for o caso).

e. Análise dos últimos três balanços.

f. Análise de liquidez, grau de endividamento etc.

g. Análise dos orçamentos mais recentes.

Análise da Cultura e do Clima Organizacional

A cultura organizacional se refere ao conjunto de valores, crenças, atitudes e normas compartilhadas que moldam o comportamento e as expectativas de cada membro da empresa. Em termos mais simples, a cultura organizacional pode ser conceituada como a maneira de ser da empresa, o que resulta do conjunto de maneiras de ser de seus membros.

De acordo com Ireland, Hoskisson e Hitt[41]:

> A cultura organizacional diz respeito ao conjunto complexo de ideologias, símbolos e valores essenciais, compartilhado em toda a empresa e que influencia a maneira como conduz os seus negócios. É a energia social que conduz— ou não consegue conduzir — a organização.

Sobre esse tema, Dess, Lumpkin, Eisner e McNamara[42] comentam que "a cultura organizacional é um sistema de valores (o que é importante) e crenças (como as coisas funcionam) compartilhadas que molda o pessoal, as estruturas organizacionais e os sistemas de controle de uma companhia, de maneira a gerar normas comportamentais (o jeito como fazemos as coisas por aqui)".

Quanto ao clima organizacional, é o ambiente de relações existente em uma empresa e que resulta, principalmente, da cultura organizacional.

---

[41] IRELAND, HOSKISSON E HITT, op. cit., 2014, p. 24.

[42] DESS, Gregory G.; LUMPKIM, G. T. EISNER, Alan B e McNAMARA, Gerry. **Administração Estratégica**: Criando vantagens competitivas, Rio de Janeiro: Alta Books, 2016, p. 281.

De acordo com Souza[43], o clima organizacional é uma decorrência do "peso" de cada um dos elementos culturais. Desse modo, à medida que se altera a cultura organizacional, ocorrem também mudanças no clima organizacional.

A cultura e o clima organizacional afetam os estilos de administração da empresa, os graus de centralização e de descentralização do poder, a motivação, a produtividade e a capacidade inovadora de seus membros e assim por diante, contribuindo significativamente para o sucesso ou fracasso da empresa.

Assim sendo, qualquer tentativa de se instituir novos métodos de trabalho, novos processos ou novas estratégias exigirá uma análise da cultura e do clima organizacional, uma vez que é deles que resulta a disposição para mudanças (ver Figura 4.4).

```
┌─────────────────────────────────────────────┐
│ VALORES, CRENÇAS, ATITUDES E NORMAS         │
│ COMPARTILHADAS PELOS MEMBROS DA EMPRESA     │
└─────────────────────────────────────────────┘
                      ↓
┌─────────────────────────────────────────────┐
│         CULTURA ORGANIZACIONAL              │
│         MANEIRA DE SER DA EMPRESA           │
└─────────────────────────────────────────────┘
                      ↓
┌─────────────────────────────────────────────┐
│ ESTILO DE ADMINISTRAÇÃO, GRAUS DE           │
│ CENTRALIZAÇÃO E DESCENTRALIZAÇÃO DO PODER,  │
│ NÍVEIS DE PROCESSUALISMO ETC.               │
└─────────────────────────────────────────────┘
                      ↓
┌─────────────────────────────────────────────┐
│ CLIMA ORGANIZACIONAL, AMBIENTE DE           │
│ RELAÇÕES EXISTENTE NA EMPRESA               │
└─────────────────────────────────────────────┘
                      ↓
┌─────────────────────────────────────────────┐
│ MOTIVAÇÃO, PRODUTIVIDADE E CAPACIDADE       │
│ INOVADORA DOS MEMBROS DA EMPRESA            │
└─────────────────────────────────────────────┘
                      ↓
┌─────────────────────────────────────────────┐
│        SUCESSO OU FRACASSO DA EMPRESA       │
└─────────────────────────────────────────────┘
```

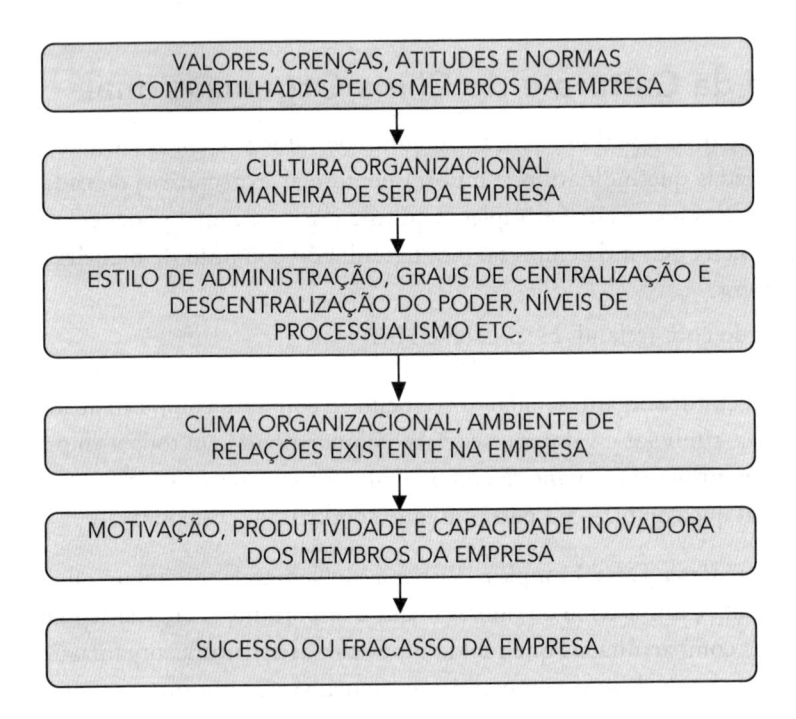

Figura 4.4: Cultura e clima organizacional
Fonte: elaboração do autor a partir de Stoner, Freeman[44] e Souza[45]

---

[43] SOUZA, Edela Lanzer Pereira de. **Clima e Cultura Organizacionais**, São Paulo: Edgard Blucher, 1978, p. 37.

[44] STONER, James A. F.; FREEMAN R. Edward. **Administração**, Rio de Janeiro: Prentice Hall, 1995.

[45] SOUZA, op cit., 1978.

A Figura 4.4 ilustra que: (1) a cultura organizacional é determinada pelos valores, pelas crenças, atitudes e normas compartilhadas pelos membros da empresa; (2) como resultado da cultura, a organização apresenta um determinado estilo de administração, graus de centralização e de descentralização do poder, níveis de processualismo etc.; (3) em decorrência da cultura e de seus elementos (estilo de administração, entre outros), a empresa apresentará um determinado clima (ou ambiente de relações) que, por sua vez, determinará os graus de motivação, de produtividade e de capacidade inovadora de seus membros, repercutindo diretamente sobre o seu sucesso ou fracasso. Portanto, a análise da cultura e do clima organizacional constitui um fator de elevada importância para a identificação de pontos fortes e fracos da empresa.

Pontos Fortes e Pontos Fracos Comuns às Pequenas Empresas

É comum que as pequenas empresas, quando comparadas às grandes companhias, apresentem pontos fracos relacionados a fatores tais como a excessiva informalidade de seus processos administrativos, sistemas de controle deficientes, alta dependência da presença do proprietário da empresa para que ela possa executar normalmente as suas operações rotineiras etc., e pontos fortes tais como uma maior capacidade para prestar atendimento diferenciado, ou uma maior capacidade para manter um relacionamento mais consistente com clientes etc.

Abordando esse tema, Harrison[46] comenta que, embora as pequenas empresas possam estar em desvantagem em relação às grandes organizações no desenvolvimento de algumas armas competitivas, elas na verdade levam vantagem quando se referem à velocidade e à flexibilidade, uma vez que:

a. As empresas pequenas, na maioria das vezes, são menos restritas por grandes investimentos em equipamentos de capital.

b. Consequentemente, podem estar mais dispostas a alterar seus resultados ou produzir em lotes pequenos para satisfazer as demandas dos clientes.

c. São menos burocratizadas, o que significa que as mudanças necessárias em virtude de nova tecnologia podem ser feitas em um período de tempo menor.

d. Os gerentes das pequenas empresas estão mais próximos dos clientes e têm menos clientes, o que permite que eles realmente conheçam e entendam suas necessidades.

---

[46] HARRISON, op. cit., 2005, p. 230.

Discutindo esse tema, Cavalcanti, Farah e Mello[47] comentam que as grandes organizações normalmente dispõem de muitos recursos, o que lhes permite transpor obstáculos e dificuldades estruturais e conjunturais; simultaneamente, desenvolvem-se em mercados, na maioria das vezes estáveis, produzindo em massa certos bens padronizados e modelos simplificados. Mediante seus investimentos de capital, as empresas maiores geralmente têm condições favoráveis de adquirir equipamentos e tecnologia mais atualizados e aperfeiçoados, além de contar com canais de distribuição adequados para escoar seus produtos.

As pequenas empresas, por outro lado, competem de forma desigual, uma vez que não podem usufruir de volumosos investimentos de capital para levar a cabo as suas atividades. Contudo percebe-se que o progresso das pequenas empresas não depende do fator dimensão, mas sim do aproveitamento efetivo dos seus talentos e aptidões específicas.

Nesse contexto, é crucial que os dirigentes das pequenas empresas saibam identificar tanto as ameaças e oportunidades externas quanto os pontos fortes e fracos da empresa para serem capazes de planejar estrategicamente.

Assim sendo, com a finalidade de facilitar a apreciação das condições internas da empresa, apresenta-se a seguir um apanhado dos principais pontos fortes e fracos que habitualmente são encontrados nas pequenas empresas.[48]

Pontos fortes comuns às pequenas empresas:

a. Os dirigentes das pequenas empresas podem estar em contato mais próximo e permanente com os seus diversos públicos, tais como clientes, funcionários, fornecedores etc.

b. Como consequência dessa proximidade, é possível manter um relacionamento individual com esses elementos, o que é muito difícil de suceder com as grandes empresas.

c. Ao atender seus públicos de forma particularizada, seja por meio de introdução de produtos especiais, seja através do tratamento diferenciado, a preferência poderá recair sobre as pequenas empresas.

---

[47] CAVALCANTI, Marly; FARAH, Osvaldo E.; MELLO, Álvaro A. A. **Diagnóstico Organizacional**: Uma metodologia para pequenas e médias empresas, São Paulo, Loyola, 1981, p. 19.

[48] Adaptado de: CAVALCANTI; FARAH; MELLO, op. cit., 1981, p. 17-18 e ANHOLON, Rosley; ZOQUI, Eugênio José; PINTO, Jefferson de Souza; MORETTI, Diego de Carvalho. Características Administrativas de Micro e Pequenas Empresas: Confronto entre a teoria e a prática. **Metrocamp Pesquisa**, v. 1, n. 1, p. 88-103, jan./jun. 2007.

d. A proximidade com os seus públicos permite também às pequenas empresas a possibilidade de prestar um atendimento diferenciado a seus clientes: a empresa pode oferecer um atendimento personalizado e de forma presencial;
e. As pequenas empresas utilizam tecnologia simples e podem se ajustar mais agilmente ao ambiente no qual estão inseridas.
f. As pequenas empresas podem, com frequência, servir melhor aos mercados limitados, ou tipicamente fragmentados, se comparadas às grandes organizações.
g. A relação entre superior e subordinado é mais direta e, geralmente, mais produtiva. Os problemas do dia a dia da empresa são relatados mais facilmente e, como consequência, resolvidos com maior rapidez.

Pontos fracos comuns às pequenas empresas:

a. As pequenas empresas geralmente têm uma excessiva centralização de poder. A maioria das funções administrativas são concentradas no dirigente máximo, existindo um insignificante grau de delegação e descentralização. Este fato, associado à reduzida capacidade gerencial na administração e organização da empresa, também se caracteriza como um fator limitante ao seu equilíbrio e crescimento.
b. A divisão do trabalho geralmente é feita de forma imprecisa e quase sempre improvisada. Essa improvisação muitas vezes se reflete no grau de capacidade ociosa dos equipamentos, atraso nas entregas, insuficiência de estoques, baixo controle de qualidade, limitação de espaço etc.
c. A estrutura organizacional das pequenas empresas muitas vezes é inadequada, em função das influências das relações de parentesco nas atribuições de cargos e tarefas. A criação de departamentos e atribuição de cargos executivos ocorre mais em função das afinidades familiares do que das reais necessidades da empresa.
d. É comum nas pequenas empresas que algumas pessoas acabem sendo promovidas em função da relação de parentesco que possuem com o proprietário, sem que haja merecimento. Consequentemente, isso vai gerar descontentamento e desmotivação de alguns funcionários que, mesmo sendo competentes, sabem que não terão chance de ascensão.
e. A confusão entre a pessoa física do proprietário e a pessoa jurídica também constitui um ponto fraco usualmente encontrado nas pequenas empresas.

Habitualmente, o dono da empresa tem primeiro a preocupação de quanto vai lhe sobrar no final do mês, em vez de pensar em investimentos, capital de giro e assim por diante. É habitual também que o dono da empresa use o mesmo cartão de crédito/conta bancária para pagar suas despesas pessoais e as da empresa.

f. As pequenas empresas geralmente têm dificuldades para acompanhar as mudanças frequentes da gestão da política fiscal na esfera federal e dos estados. Além disso, também têm dificuldades decorrentes do excesso de burocracia e da complexidade da legislação fiscal.

g. Os pequenos empresários, na maioria das vezes, confundem o departamento de pessoal com política de recursos humanos. Assim sendo, estão muito voltados para um controle da vida do operário, como registro de faltas, horas trabalhadas, horas extras etc. Ao mesmo tempo, não se preocupam com descrição e análise de cargo, plano de carreira dos colaboradores, satisfação do funcionário, incremento do seu nível intelectual e assim por diante.

h. As pequenas empresas, em regra, têm dificuldades com relação ao fornecimento de matéria-prima, encontrando-se duas situações. A primeira ocorre quando recebe material de um grande fornecedor. Neste caso, geralmente o poder de barganha é muito pequeno, e a empresa não consegue negociar melhores preços. A segunda situação, quando o fornecimento se dá por uma outra empresa pequena, muitas vezes consegue preço baixo, mas não necessariamente boa qualidade nos produtos e continuidade no abastecimento.

5

Análise Swot — Parte II: Fatores Externos

O propósito desta etapa da análise SWOT é identificar e avaliar os fatores externos que constituem o ambiente no qual a empresa está inserida e que se destacam por facilitar e/ou dificultar o alcance de seus objetivos.

A análise dos fatores externos consiste na identificação de oportunidades e ameaças (*opportunities* e *threats*) que possibilitem o desenvolvimento de estratégias de ação com a finalidade de se precaver contra as ameaças antes que elas se tornem problemas, e tirar o máximo possível de proveito das oportunidades oferecidas pelo meio externo.

De acordo com Ireland, Hoskisson e Hitt[1], oportunidade é uma condição no ambiente externo que, se explorada de maneira efetiva, ajuda a empresa a alcançar competitividade estratégica; e uma ameaça é uma condição do ambiente externo que pode impedir a empresa de obter competitividade estratégica.

Sobre esse tema, Hill e Jones[2] comentam que "as oportunidades surgem quando uma empresa pode tirar vantagem de condições de seu ambiente para formular estratégias que lhe permitam tornar-se mais lucrativa". Quanto às ameaças, "surgem quando as condições do ambiente externo colocam em risco a integridade e a lucratividade do negócio de uma empresa".

---

[1] IRELAND; HOSKISSON e HITT, op. cit., 2014, p. 36.

[2] HILL; JONES, op. cit., 2013, p. 86.

A respeito desse tema, Johnson, Scholes e Whittington[3] comentam que a empresa deve analisar as oportunidades e ameaças levando em conta os seus pontos fortes e pontos fracos. Para isso, é necessário identificar o quanto os seus pontos fortes e pontos fracos são relevantes para lidar com as oportunidades e ameaças identificadas. Deve-se, também, considerar que "a análise SWOT somente se mostra útil se for comparativa — se examinar forças, fraquezas, oportunidades e ameaças em relação aos competidores".

Nesse contexto, é crucial que os dirigentes da empresa considerem que tanto o aproveitamento de oportunidades como a prevenção contra as ameaças devem ter por base as condições internas da empresa.

Conforme comentado anteriormente[4], o estoque de recursos, as habilidades dos empregados, a estrutura da empresa, a cultura e o clima organizacional é que vão determinar as possibilidades de adaptação da empresa ao ambiente externo e, consequentemente, o êxito de suas estratégias.

Assim sendo, somente os fatores internos que se destacam como fonte de diferenciação e de vantagem competitiva são capazes de facilitar tanto a obtenção de vantagens como a neutralização de ameaças externas.

Nesse mesmo sentido, Kotler[5] comenta que a chave das oportunidades para uma empresa reside na vantagem diferencial, a qual resulta das características particulares que a empresa possui para satisfazer os requisitos necessários para o sucesso da oportunidade de forma mais eficaz do que a concorrência.

Para realizar a identificação de oportunidades e ameaças, é necessário analisar os dois segmentos que compõem o ambiente externo das empresas: o ambiente operacional e o ambiente geral, como ilustra a Figura 5.1, a seguir:

---

[3] JOHNSON; Gerry; SHOLES e Kevan, WHITTINGTON, Richard. **Fundamentos de Estratégia**, Porto Alegre, Bookman, 2011, p. 103.

[4] Ver Capítulo 4.

[5] KOTLER, Philip. **Marketing** - edição compacta, São Paulo: Atlas, 1991, p. 83.

AMBIENTE GERAL

- Variáveis econômicas
- Variáveis políticas
- Variáveis legais
- Variáveis culturais
- Variáveis sociais
- Variáveis tecnológicas
- Variáveis demográficas
- Variáveis ecológicas
- Etc.

AMBIENTE OPERACIONAL

- Forças competitivas (rivalidade entre os competidores existentes, poder de negociação dos clientes, poder de negociação dos fornecedores, ameaça de ingresso de novos competidores e ameaça de produtos substitutos)
- Sindicatos de trabalhadores
- Mercado de trabalho e mercado de recursos humanos
- Governo
- Instituições financeiras
- Veículos de comunicação e mídias sociais
- Grupos de interesses especiais
- Órgãos regulamentadores

EMPRESA
Recursos, capacidades, áreas funcionais, estrutura organizacional etc.

FIGURA 5.1: Ambiente externo das empresas
Fonte: o autor

Ambiente Operacional

O ambiente operacional, também conhecido como ambiente direto ou ambiente de tarefas, é formado por um conjunto de variáveis (pessoas, grupos de pessoas ou organizações diversas) com as quais a empresa interatua de forma constante e direta, constituindo-se assim em uma importante fonte de ameaças e oportunidades.

De acordo com Daft[6], o ambiente operacional inclui os setores com os quais a empresa interage de forma direta e que têm um impacto direto na capacidade de a empresa alcançar suas metas.

Porter[7] comenta que a essência da formulação da estratégia competitiva consiste em relacionar a empresa ao seu meio ambiente. Comenta também que, ainda que o ambiente relevante seja muito amplo, incluindo forças tais como os fatores econômicos e sociais, o aspecto-chave do ambiente da empresa é o setor industrial no qual compete.

---

[6] DAFT, op. cit., 2008, p. 132.

[7] PORTER, Michael E. **Estrategia Competitiva:** Técnicas para el análisis de los sectores industriales y de la competencia, México: CECSA, 1994 b, p. 23.

A estrutura do setor industrial tem uma forte influência na determinação das regras do jogo competitivo, assim como nas possibilidades estratégicas disponíveis para a empresa. Assim sendo, a estratégia competitiva deve ser construída sobre a análise da estrutura do setor industrial e da concorrência, levando-se em conta que a concorrência vai além dos competidores atuais.

Porter[8] considera que, na realidade, a situação de concorrência da empresa em um setor industrial depende de cinco forças competitivas básicas, tal como se apresentam a seguir.

O Modelo das Cinco Forças Competitivas

Um setor, de acordo com Porter, pode ser definido como um grupo de empresas que fabricam produtos que são substitutos próximos entre si, cuja situação de concorrência depende de cinco forças competitivas básicas: (1) rivalidade entre os competidores atuais; (2) poder de negociação dos compradores; (3) poder de negociação dos fornecedores; (4) ameaça de ingresso de novos competidores; (5) ameaça de produtos ou serviços substitutos, tal como ilustra a Figura 5.2.

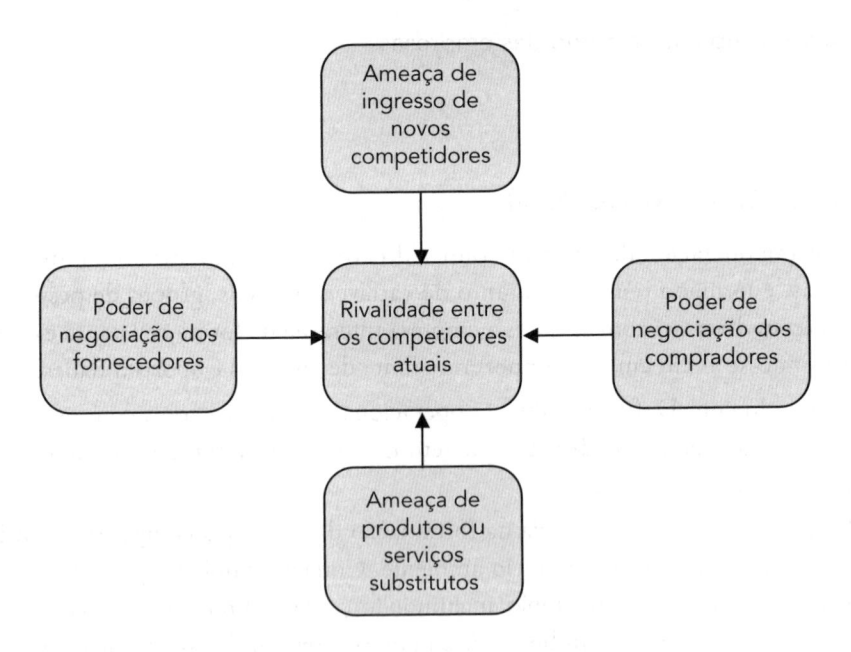

Figura 5.2: As cinco forças competitivas do setor industrial
Fonte: adaptado de Porter, op. cit. (1994b), p. 24

---

[8] PORTER, op. cit., 1994 b, p. 23.

A Figura 5.2 mostra que a concorrência em um setor industrial vai além dos competidores atuais. Os compradores, os fornecedores, os substitutos e os concorrentes potenciais são todos competidores de maior ou menor importância, dependendo das características particulares. A esta concorrência, em seu sentido mais amplo, Porter chama de **rivalidade ampliada**.

Comentando sobre as principais características de cada uma das cinco forças competitivas, Porter[9] destaca:

(1) Ameaça de ingresso de novos competidores

A ameaça de ingresso de novos competidores ocorre em função de empresas que não participam de um determinado mercado, ou setor industrial, mas poderiam fazê-lo se assim o desejassem.

Estes casos ocorrem quando os competidores potenciais possuem tecnologia, força de vendas e capital necessário para buscar oportunidades através da diversificação em outro setor, ou quando se trata de empresas estabelecidas em outras regiões que passarão a atuar também no mesmo mercado (ou região) em que a empresa atua.

Porter comenta que a ameaça de ingresso de novos competidores em um determinado setor depende das **barreiras de entrada** existentes, aliadas à reação dos competidores atuais. Se as barreiras são altas, os recém-chegados podem esperar uma grande represália por parte dos competidores estabelecidos, sendo baixa a ameaça de ingresso.

Entre as barreiras de entradas mais utilizadas pelas empresas estabelecidas, Porter[10] destaca: (1) as economias de escala[11]; (2) a diferenciação dos produtos; (3) exigências de capital para entrar no setor; (4) dificuldades para mudança de fornecedor; (5) dificuldade de acesso aos canais de distribuição por parte dos novos competidores; (6) desvantagens em custos independentes das economias de escala; (7) barreiras legais e governamentais.

- **Economias de escala:** À medida que uma empresa aumenta o volume de produção, menor será o custo unitário do produto e os custos das operações e funções que entram em sua elaboração. Além do processo de fabricação, as

---

[9] PORTER, op. cit., 1994 b, p 25-49.

[10] PORTER, op. cit., 1994 b, p 27-33.

[11] Segundo HILL; JONES, op. cit., 2013, p. 89, **as economias de escala** "são reduções de custos unitários atribuídas a uma produção em grande quantidade". As fontes de economias de escala incluem: reduções de custo obtidas através da produção em massa de produtos padronizados, descontos em grandes compras de matérias primas e de componentes, vantagem obtida pela diluição dos custos fixos de produção por um grande volume de produtos fabricados, e a redução de gastos com marketing por meio da diluição por grande volume de produtos fabricados.

economias de escala podem estar presentes também nos processos de compra, na pesquisa e desenvolvimento, nas operações mercadológicas e na força de vendas, na distribuição, nas cadeias de serviços utilizados etc.

Quando se trata de pequenas empresas, entretanto, é importante considerar que estas dificilmente terão condições de usar as economias de escala para barrar o ingresso de novos competidores, principalmente se forem empresas maiores. Geralmente, as grandes empresas têm capacidade não apenas para enfrentar a reação das empresas estabelecidas, como podem também se apropriar de uma grande fatia do mercado, representando assim uma ameaça para as empresas menores.

- **Diferenciação dos produtos:** A diferenciação dos produtos está relacionada à identificação de marcas consolidadas, à lealdade dos clientes em função do esforço de marketing já realizado, aos serviços que são sistematicamente oferecidos, à experiência adquirida com a inovação de produtos através de sistemas de pesquisa e desenvolvimento etc.

Assim sendo, considerando que entre os pontos fortes comuns às pequenas empresas[12] se encontram fatores como uma maior capacidade para prestar atendimento diferenciado, ou uma maior capacidade para manter um relacionamento mais consistente com clientes, elas podem utilizar esses fatores para desenvolver estratégias com a finalidade de dificultar o acesso dos novos entrantes à sua fatia de mercado.

- **Exigências de capital para entrar no setor:** O ingresso em um novo setor exige o investimento de uma grande quantidade de recursos financeiros para competir com as empresas já estabelecidas. Além do capital necessário para as instalações, é obrigatório o investimento de grandes somas em propaganda, pesquisa e desenvolvimento, criação de sistemas de crédito para clientes, entre outros; portanto, essa necessidade de investimento muitas vezes constitui uma grande barreira de entrada para novos competidores.

Quando se trata de grandes empresas, entretanto, é habitual que estas contem com os recursos financeiros necessários para ingressar em qualquer setor que acharem conveniente, podendo vir a se constituir em uma grande ameaça às pequenas empresas.

- **Dificuldades para mudança de fornecedor:** Uma outra barreira de ingresso resulta da dificuldade que os compradores das empresas já estabelecidas no setor, muitas vezes, sentem para mudar de fornecedor. Além dos custos neces-

---

[12] Ver a seção "Pontos Fortes e Pontos Fracos Comuns às Pequenas Empresas", no Capítulo 4.

sários para retreinar empregados, constituir novas equipes auxiliares e aprovar e certificar a nova fonte, existem outras dificuldades, tais como "abrir mão" de parcerias e da ajuda técnica recebida do fornecedor, necessidade de redesenhar produtos, entre outras.

Algumas vezes, entretanto, os custos de mudança são baixos, facilitando assim o ingresso de novos competidores. Como exemplo, Ireland, Hoskisson e Hitt[13] citam o caso em que o consumidor passa a comprar uma marca diferente de refrigerante.

- **Dificuldades de acesso aos canais de distribuição por parte dos novos competidores:** Geralmente, os distribuidores têm preferência pelas empresas já estabelecidas no setor industrial, dificultando assim o acesso dos novos pretendentes. Estes, para conseguir realizar seus negócios, necessitam persuadir os canais existentes a aceitar seus produtos através de táticas como a redução de preços e o investimento de recursos financeiros para propaganda compartilhada, para financiar promoções de venda, entre outras.

- **Desvantagens em custos independentes das economias de escala:** independentemente das economias de escala, as empresas já estabelecidas no setor industrial podem ter vantagens em custos que dificilmente seriam igualadas pelos novos competidores. Entre estas vantagens, destacam-se:

    a. **Tecnologia de produto patenteado:** as empresas já estabelecidas muitas vezes mantêm a propriedade dos conhecimentos do produto ou de suas características de desenho mediante patentes ou segredos;

    b. **Acesso favorável a matéria prima:** as empresas já estabelecidas podem ter contratado as melhores fontes de matéria prima, formando parcerias que constituem barreiras aos novos pretendentes;

    c. **Curva de experiência:** em muitos negócios existe a tendência de que os custos unitários diminuam na medida em que a empresa adquire e acumula experiência na elaboração de seus produtos. Os custos baixam devido a fatos tais como: os trabalhadores melhoram suas habilidades; a empresa aperfeiçoa seus métodos; melhora seu lay out; obtém melhor rendimento dos equipamentos; as mudanças de design dos produtos tornam a produção mais fácil; o custo de comercialização se torna mais barato, etc. Desta forma, de uma maneira semelhante às economias de escala, as reduções de custo resultantes da experiência deixam os novos pretendentes em desvantagens.

---

[13] IRELAND; HOSKISSON E HITT, op. cit., 2014, p. 50-51.

- **Barreiras legais e governamentais:** uma outra importante fonte de barreira de ingresso a novos competidores tem sua origem na política governamental. O governo pode limitar e/ou impedir o ingresso de empresas sujeitas a controles tais como requisitos para licença, limitações quanto ao uso de matéria prima, prazos de validade dos produtos, etc.

  As indústrias sujeitas a controles e a restrições governamentais, tais como a de alimentos, de transporte urbano, de bebidas alcoólicas, de medicamentos, etc. são exemplos de setores que enfrentam barreiras governamentais.

  Além disso, existem outras dificuldades, tais como a necessidade de convencer os varejistas a cederem espaços em suas prateleiras, dificuldades para "quebrar os laços" resultantes de antigas relações entre as empresas estabelecidas e os distribuidores e varejistas etc.

Todos esses fatores, além de outros, constituem barreiras de ingresso que obrigam os novos pretendentes a criarem um canal de distribuição totalmente novo, o que é impossível para muitas empresas, as quais acabam desistindo do negócio.

(2) Rivalidade entre os competidores existentes

A rivalidade entre os competidores existentes dá origem à utilização de táticas tais como a concorrência em preços, as "guerras de propaganda", a introdução de novos produtos, o incremento nos serviços ou nas garantias oferecidas aos clientes, entre outras.

A rivalidade se estabelece porque os competidores sentem a pressão ou veem a oportunidade de melhorar a sua posição dentro do setor industrial em que competem. A intensificação da rivalidade ocorre devido a uma série de fatores, dentre os quais Porter[14] destaca:

a. Quando os concorrentes são numerosos ou quando se encontram mais ou menos em igualdade de condições de tamanho e poder.

b. Quando o crescimento do setor é lento, a concorrência se converte em um jogo por maior participação no mercado, principalmente para as empresas que estão buscando a expansão. Quando o setor está em crescimento, a rivalidade diminui, porque as empresas estão mais preocupadas em buscar oportunidades de negócio.

c. Quando o produto ou serviço não é diferenciado, a escolha por parte dos compradores se baseia principalmente no preço e nos serviços oferecidos, o que resulta em uma intensa concorrência baseada nesses pontos. Por outro

---

[14] PORTER, op. cit., 1994 b, p. 37-43 e PORTER, Michael E. **Competição – on competition**: Estratégias competitivas essenciais. Rio de Janeiro: Campus, 1999, p. 39.

lado, quando o produto é diferenciado, a empresa consegue se proteger contra a guerra competitiva, devido ao fato de que os compradores, em regra, têm preferência e lealdade por fornecedores em particular.

d. Quando os custos fixos são elevados, as empresas procuram operar com a capacidade máxima, o que geralmente resulta em preços descendentes, principalmente quando existe capacidade em excesso. Neste caso, as empresas tendem a reduzir o preço para assegurar as vendas, o que intensifica a rivalidade.

e. Quando o produto é perecível, as empresas também se sentem tentadas a reduzir os preços para assegurar as vendas, o que também contribui para a intensificação da rivalidade.

f. A rivalidade também se intensifica quando ocorre excesso de investimento na capacidade de produção de empresas importantes do setor, o que resulta em uma concorrência agressiva de preços.

A convivência com todos esses fatores, dependendo das características do setor, faz com que a rivalidade seja mais intensa ou mais moderada, o que leva as empresas a realizarem mudanças estratégicas com a finalidade de melhorar a sua posição ou enfraquecer a dos competidores.

Dessa forma, para que se possa mais facilmente identificar oportunidades e ameaças relacionadas aos competidores atuais, recomenda-se que os principais concorrentes da empresa sejam identificados e "mapeados", tal como ilustra o Quadro 5.1:

Quadro 5.1: Análise comparativa com a concorrência

EMPRESA CONCORRENTE	VANTAGENS DA CONCORRÊNCIA SOBRE A NOSSA EMPRESA	VANTAGENS DA NOSSA EMPRESA SOBRE A CONCORRÊNCIA
EMPRESA A	• Maior capacidade de compra e investimento • Maior poder de barganha junto aos clientes e aos fornecedores • Rede de distribuição mais ampla • Mix de produtos mais amplo	• Maior capacidade para prestar atendimento diferenciado • Relacionamento mais consistente com os clientes • Maior conhecimento sobre o mercado no qual atua
EMPRESA B	...	...

EMPRESA C	...	...
EMPRESA N	...	...

Fonte: o autor

O Quadro 5.1 pode ser utilizado como um instrumento capaz de proporcionar uma clara visão a respeito das vantagens e das desvantagens de nossa empresa em relação a cada um dos concorrentes arrolados, o que facilita a identificação de oportunidades e ameaças relacionadas aos competidores atuais.

(3) Ameaças de produtos substitutos

A ameaça de produto (ou serviço) substituto se refere à facilidade com que os compradores podem substituir um produto ou serviço por outro que exerça a mesma função. Por exemplo, em vez de ir até uma locadora para alugar um filme, o cliente pode utilizar um serviço de transmissão online.

Este tipo de ameaça se torna mais evidente quando o produto substituto, além de cumprir a mesma função, melhora o preço e o resultado. Como exemplo nesse sentido, Porter[15] comenta que, no campo da vigilância e segurança, os sistemas de alarmes eletrônicos representam um substituto muito forte para as empresas especializadas em guardas de segurança, uma vez que oferecem uma proteção equivalente, com custos menores.

É importante destacar que o impacto das ameaças dos produtos substitutos depende, também, de sua natureza: ocasional ou definitiva.

Os **produtos substitutos ocasionais** são aqueles que o consumidor, na ocasião de uso/consumo, poderá optar por **A** ou **B**, entretanto, os dois poderão continuar no mercado. Por exemplo, o açúcar pode ser substituído pelo adoçante, o refrigerante pode ser substituído pelo suco, ou a manteiga pode ser substituída pela margarina. Contudo, um não necessariamente retira o outro do mercado.

Neste caso, ao invés de se constituir em uma ameaça, o produto substituto poderá vir a ser uma oportunidade, se a empresa em questão optar pela produção tanto do produto **A** como do produto **B**, ampliando assim a oferta para a mesma função. Por exemplo, a Companhia União dos Refinadores (Cia União)[16] foi fundada em 1910 através da união de pequenos refinadores de açúcar de São Paulo com a finalidade de desenvolver o comércio e garantir a alta qualidade do açúcar. O surgimento de produtos substitutos ao açúcar, entretanto, não representou uma ameaça para a empresa. Atualmente, além do açúcar,

---

[15] PORTER, op. cit., 1994b, p 44.

[16] Cia União. Disponível em: <https://www.ciauniao.com.br/produtos>. Acesso em 01 maio 2017.

a União também comercializa adoçante líquido e em sache, além de outros produtos substitutos ao açúcar comum. Desse modo, o surgimento de produtos substitutos não representou uma ameaça para a empresa, mas sim uma grande oportunidade.

Quanto aos **produtos substitutos definitivos**, o impacto das ameaças frequentemente é muito maior, provocando, muitas vezes, a retirada do mercado do produto atualmente produzido no setor. Como exemplos neste caso, o computador eliminou a máquina de escrever, a fotografia digital tirou o filme fotográfico do mercado. Os disquetes foram substituídos pelo pendrive ou pelo cartão SD, os quais estão sendo substituídos pelo armazenamento em nuvem. Os LPs e as fitas cassete foram substituídos pelos CDs e pelos DVDs, e estes, por sua vez, estão sendo eliminados pela transmissão digital de músicas.

(4) Poder de negociação dos compradores

Outro componente muito importante incluído no que Porter denominou rivalidade ampliada é o poder de negociação dos compradores[17], que podem representar uma ameaça quando têm poder suficiente para forçar a baixa de preços ou para exigir qualidade superior ou mais serviços, levando as empresas de um determinado setor industrial a intensificarem a concorrência.

De acordo com Porter[18], os clientes se fazem mais poderosos nas seguintes circunstâncias:

a. Os compradores representam uma ameaça quando compram grandes quantidades em relação às vendas totais do fornecedor. Este tipo de ameaça ocorre com muita frequência entre as pequenas empresas, uma vez que, rotineiramente, estas possuem apenas um ou alguns compradores.

b. Quando estão concentrados ou quando compram grandes volumes com relação às vendas do fornecedor (se uma grande quantidade das compras é adquirida por um determinado comprador, isso eleva a sua importância nos resultados da empresa).

c. Quando as matérias-primas compradas representam uma fração importante dos seus custos (nestes casos, os compradores, geralmente, estarão dispostos a intervir com os recursos necessários para comprar a um preço favorável).

d. Quando os produtos que compram são padronizados ou não diferenciados (neste caso, é fácil encontrar fornecedores alternativos).

---

[17] JOHNSON; SHOLES e WHITTINGTON, op. cit., 2011, p. 55, comentam que os **compradores** são os clientes imediatos da empresa, e não necessariamente os consumidores finais.

[18] PORTER, op. cit., 1994 b, p. 44-46.

e. Quando enfrentam custos baixos para mudar de fornecedor.

f. Quando representam uma ameaça de integração para trás, isto é, eles podem decidir começar a produzir ao invés de comprar.

g. Quando o produto comprado não é importante para a qualidade do seu produto ou serviço.

h. Quando têm "informação total" (este caso proporciona uma grande vantagem de negociação ao cliente quando o volume de informações do vendedor é "pobre").

(5) Poder de negociação dos fornecedores

Os fornecedores constituem uma ameaça quando têm poder para elevar os preços ou reduzir a qualidade dos produtos ou serviços, principalmente quando o comprador tem poucas possibilidades para elevar seus preços.

Segundo Porter, os fornecedores se tornam mais poderosos nas seguintes circunstâncias:

a. Quando são poucos ou estão mais concentrados do que o setor industrial para o qual vendem.

b. Quando não estão obrigados a competir com outros produtos substitutos.

c. Quando a empresa não é um cliente importante para o grupo fornecedor.

d. Quando vendem um produto importante para o negócio do comprador.

e. Quando seus produtos são diferenciados ou requerem custos para a mudança de fornecedor.

f. Quando o grupo fornecedor representa uma ameaça de integração para frente, isto é, pode decidir pela criação de um sistema de distribuição e vendas.

O Desenvolvimento da Estratégia Competitiva no Contexto da Pequena Empresa

Após a análise e avaliação das cinco forças competitivas, é importante diagnosticar o efeito da ação conjunta que essas forças produzem sobre a empresa. Desse modo, os dirigentes deverão tratar da identificação das fortalezas e das debilidades de sua empresa em relação ao meio no qual compete.

Assim, desde o ponto de vista de seus pontos fortes e pontos fracos, a empresa deverá definir a sua **estratégia competitiva** que, de acordo com Porter[19], "trata de

---
[19] PORTER, op. cit., 1994 a, p. 19

estabelecer uma posição proveitosa e sustentável contra as forças que determinam a concorrência no setor industrial."

Porter comenta também que duas importantes questões determinam a escolha da estratégia competitiva: (1) a atratividade do setor em que a empresa está situada e (2) os fatores determinantes da posição competitiva relativa da empresa no setor.

A atratividade se refere ao potencial de geração de lucro para as empresas estabelecidas no setor. Sobre esse tema, Porter comenta que os dirigentes da empresa devem estar cientes de que nem todos os setores industriais oferecem oportunidades iguais de lucro, entretanto, a lucratividade é um ingrediente essencial para a sobrevivência da empresa.

Quanto aos fatores determinantes da posição competitiva, é importante considerar que em muitos setores algumas empresas são mais lucrativas que outras. Como também uma empresa situada em um setor muito atrativo pode, contudo, não obter uma lucratividade adequada se escolher uma má posição competitiva. Por outro lado, uma empresa com uma excelente estratégia competitiva, mesmo situada em um setor industrial não muito atrativo, poderá obter uma boa lucratividade.

Assim sendo, é de fundamental importância que os dirigentes das pequenas empresas tratem de realizar a análise da atratividade do setor em que atuam e/ou pretendem atuar, identificando os principais fatores que devem ser levados em conta para a definição de sua posição competitiva. O Quadro 5.2 apresenta contribuições nesse sentido:

QUADRO 5.2: Análise da atratividade

	Análise da atratividade da empresa
Fatores de atratividade	Aspectos estratégicos a considerar
Perspectivas de crescimento do setor	1. As perspectivas de crescimento do setor em que a empresa está inserida são firmes e de longa duração? Ou existe alguma tendência para a retração? 2. Existem lacunas de atendimento no mercado atual que possam vir a ser atendidas pela empresa?
Ambiente competitivo	3. Os concorrentes têm apresentado um desempenho superior ao apresentado pela empresa? 4. Os preços praticados pela concorrência são mais atrativos do que os praticados pela empresa? 5. O mix de produtos da concorrência é mais amplo do que o da empresa? 6. Que estratégias competitivas utilizam os principais concorrentes?

Análise da atratividade da empresa

Fatores de atratividade	Aspectos estratégicos a considerar
Lucratividade/ resultados	7. Os preços praticados pela empresa no mercado são compatíveis com os seus custos de produção ou de prestação de serviços?
Retorno dos investimentos	8. Os resultados esperados pela empresa são compatíveis com o nível de investimentos necessários? O tempo de retorno dos investimentos é aceitável?
Turbulência	9. Há grande agitação no ambiente externo? Existem muitos fatores de risco presentes ou previsíveis? E as oportunidades?
Tecnologia	10. A tecnologia de produção e de comercialização utilizada pela empresa é superior, inferior ou está equilibrada com as mais utilizadas pela concorrência? 11. As tecnologias usadas nos produtos/serviços têm obsolescência muito rápida? Há condições de acompanhar as mudanças ou até de antecipá-las?
Processos produtivos	12. As formas de elaborar os produtos ou de prestar os serviços permitem atender ao mercado com qualidade e com satisfação dos clientes?
Práticas comerciais	13. As práticas comerciais e operacionais prevalentes são alinhadas com os princípios e valores da empresa? 14. A empresa tem capacidade para prestar um atendimento diferenciado?
Canais de distribuição	15. Os canais de distribuição atualmente utilizados têm demonstrado eficiência? São plenamente confiáveis? Estão disponíveis ou estão na mão de concorrentes fortes?

Fonte: adaptado de COSTA, Elizier Arantes. **Gestão estratégica:** Construindo o futuro de sua empresa - Fácil, São Paulo: Saraiva, 2012, p. 105-106

O resultado obtido com esse questionamento certamente vai fornecer informações capazes de facilitar o estabelecimento de uma posição competitiva sustentável que esteja adequada às fortalezas e debilidades da empresa.

Comentando a respeito dos fatores determinantes das condições de competitividade das pequenas empresas, Longenecker, Moore e Petty[20] afirmam que muitas delas podem não ser páreo para uma empresa grande ou para várias empresas que dominam um setor. Entretanto, "se as pequenas empresas fossem removidas de repente do cenário contemporâneo, as grandes empresas se encontrariam sobrecarregadas com uma miríade de atividades que elas poderiam desempenhar apenas ineficientemente."

Esses autores argumentam que as pequenas empresas podem desempenhar duas funções, frequentemente, com mais eficiência do que as empresas maiores: a distribuição e o fornecimento:

- **Função de distribuição.** Poucos fabricantes grandes acham desejável possuir suas próprias lojas de atacado e varejo. Pense, por exemplo, em produtos como perfumes, livros, cortadores de grama, instrumentos musicais, gasolina, itens de alimentação, computadores pessoais, suprimentos para escritório, vestuário, aparelhos de cozinha, automóveis, pneus, autopeças, móveis e suprimentos industriais. Os estabelecimentos de atacado e de varejo, muitos deles pequenos, desempenham um serviço econômico valioso, ligando clientes e produtores desses produtos.

- **Função de fornecimento.** As pequenas empresas atuam como fornecedoras e subcontratantes para as grandes. As empresas grandes reconhecem a importância crescente de seus fornecedores, usando termos como "parceria" e "aliança estratégica" para descrever o relacionamento ideal de trabalho. Os fabricantes japoneses foram os pioneiros no desenvolvimento de relacionamentos fortes, trabalhando intimamente com fornecedores de longo prazo, confiáveis. Em certo grau, os fabricantes norte-americanos estão implementando essa mesma abordagem, garantindo contratos de longo prazo a fornecedores, em retorno à qualidade especificada, aos preços mais baixos e às ideias para reduzir custos.

Além de oferecer serviços diretamente a grandes corporações, as pequenas empresas fornecem serviços a clientes de grandes empresas. Por exemplo, elas atendem a indústrias de automóveis, consertam aparelhos e limpam carpetes produzidos por grandes fabricantes.

A abordagem apresentada por Longenecker, Moore e Petty mostra que, ao desempenhar atividades relacionadas a essas duas funções, as pequenas empresas estariam definindo a sua estratégia competitiva de modo a reduzir (ou eliminar) o impacto negativo da concorrência das grandes empresas. Com isso, as pequenas empresas

---

[20] LONGENECKER; MOORE e PETTY, op. cit. 2004, p. 38-39.

poderiam ampliar as suas possibilidades de geração de lucro em função da posição proveitosa e sustentável estabelecida.

Além das Cinco Forças Competitivas

A análise do setor em que a empresa compete constitui o aspecto-chave para a identificação de oportunidades e ameaças, entretanto existem outros componentes importantes que devem ser considerados. Assim sendo, além das cinco forças competitivas discutidas por Porter, os dirigentes da empresa devem considerar outros fatores tais como: os sindicatos de trabalhadores, o mercado de trabalho e mercado de recursos humanos, o governo (federal, estadual e municipal), as instituições financeiras, os veículos de comunicação e as mídias sociais, os grupos de interesses especiais e os órgãos regulamentadores.

Os **sindicatos de trabalhadores** representam legalmente os seus associados, tratando de defendê-los e de negociar os seus interesses com os empresários ou com as autoridades judiciais. Com isso, lidam com decisões relacionadas à definição de salários e às condições gerais de trabalho oferecidas pela empresa. Desse modo, em maior ou menor grau, afetam o comportamento e a atitude dos empregados em relação à empresa, o relacionamento entre superior e subordinado e os índices de produtividade dos trabalhadores.

O **mercado de trabalho** é composto pelas diversas oportunidades de emprego disponíveis nas empresas da região, enquanto o **mercado de recursos humanos** é constituído por todas as pessoas capacitadas e disponíveis para essas oportunidades, incluindo tanto aqueles que estão desempregados como os que estão empregados, mas que aceitariam uma nova oportunidade de trabalho.

Dependendo da oferta de emprego pelo mercado de trabalho da região onde a empresa está inserida, assim como da quantidade de candidatos disponíveis no mercado de recursos humanos nessa região, a empresa poderia ter maior ou menor dificuldade, o que viria a se constituir em uma eventual oportunidade ou ameaça.

O **governo**, tanto na esfera federal como estadual e municipal, através da definição de suas prioridades, de seus programas de incentivos e de seus níveis de intervenção, geralmente constitui oportunidades e/ou ameaças às empresas. Um exemplo nesse sentido é apontado por Lazzarini[21]: "As ações do governo têm interferido na estratégia das empresas principalmente nos últimos oito anos. Em um primeiro momento (...) a interferência do Estado ocorreu na forma de benefícios concedidos a alguns grupos

---

[21] LAZZARINI, Sérgio. **A Influência do Governo na Estratégia das Empresas.** Disponível em: <http://exame.abril.com.br/blog/instituto-millenium/a-influencia-do-governo-na-estrategia-das-empresas>. Acesso em 08/06/2017.

por meio de empréstimos de bancos públicos e, nos últimos quatro anos, a prática se estendeu à utilização das estatais para controlar preços."

As **instituições financeiras**, como os bancos de desenvolvimento, os bancos comerciais, as companhias de seguro, entre outras, muitas vezes desempenham um papel determinante no futuro da empresa. As negociações tais como os financiamentos de longo prazo para a ampliação das instalações e/ou para a compra de máquinas e equipamentos, os empréstimos de curto prazo para financiar as operações correntes, a contratação de seguros, entre outras, são atividades cruciais para as empresas.

Os **veículos de comunicação e mídias sociais**, tais como a televisão, os jornais e a internet, têm ampliado a interação entre as pessoas, interferindo sistematicamente na formação da opinião pública, afetando significativamente a imagem da empresa junto à comunidade. Sobre esse tema, Sobral e Peci[22] ilustram:

> Nos últimos anos, como consequência dos movimentos de democratização e das tecnologias da informação, o impacto da mídia é muito mais visível e real. Enquanto a democratização fortaleceu o controle social das empresas, as novas tecnologias de informação e de comunicação têm permitido uma cobertura midiática e sofisticada das atividades da empresa, que variam de notícias de caráter generalista a investigações especializadas. Basta lembrar o impacto que uma notícia jornalística pode ter na valorização ou desvalorização de determinada empresa.

Os **grupos de interesses especiais**, tais como os órgãos de defesa dos consumidores e as instituições que se dedicam à preservação da natureza, muitas vezes adquirem poder suficiente para impor mudanças nas estratégias adotadas pelas empresas.

A esse respeito, Sobral e Peci[23] comentam que os grupos de interesses especiais, como as associações de defesa do consumidor, as associações ecológicas, as ambientalistas e outras organizações não governamentais (ONGs), estabelecem relações com a empresa e seu monitoramento.

Ainda de acordo com esses autores, o acompanhamento e a fiscalização das empresas pelos meios de comunicação social, associados com a ação fiscalizadora das ONGs e de grupos de interesse, constituem a base do controle social, que é aquele exercido pela sociedade sobre a atuação do governo e das organizações.

Os órgãos regulamentadores, como o Instituto Nacional de Metrologia e Qualidade Industrial (INMETRO), o Banco Central e outras instituições vinculadas ao minis-

---

[22] SOBRAL; PECI, op. cit., 2013, p. 121.
[23] SOBRAL; PECI, op. cit., 2013, p. 122.

térios da Saúde, da Indústria e Comércio e da Agricultura, através da normalização, da inspeção, da certificação e da fiscalização, interferem diretamente nas atividades empresariais e nos seus processos de formulação de estratégias.

Ambiente Geral

O ambiente geral é o mais complexo dos segmentos ambientais, sendo formado por um conjunto de variáveis que afetam não apenas as empresas, mas a estrutura competitiva de cada um dos setores industriais existentes e a sociedade como um todo.

Discutindo esse tema, Daft[24] comenta que o ambiente geral inclui variáveis que podem não ter um impacto direto nas operações do dia a dia de uma empresa, mas que a influenciarão de maneira indireta. Por exemplo, uma nova legislação de proteção ao meio ambiente e ao consumidor pode fortalecer as ações dos grupos de interesses especiais e vir a causar dores de cabeça a muitas empresas. Ou as condições gerais da economia que afetam com frequência o modo como se faz negócios.

O ambiente geral, ainda que possa parecer distante do cotidiano da empresa, pode alterar significativamente a solidez de qualquer organização. Dessa forma, a análise dos seus principais componentes, ou variáveis, constitui uma atividade extremamente importante para o sucesso do empreendimento. A sua realização permite a obtenção de informações necessárias para a definição do "curso de ação" que pode conduzir a empresa ao alcance dos resultados desejados.

As principais variáveis que compõem o ambiente geral são:

Variáveis econômicas: Estas variáveis incluem fatores relacionados às tendências de expansão ou recessão da economia, condicionando o desempenho das empresas em determinada região. A esse respeito, Sobral e Peci[25] citam que "as condições e as tendências econômicas são as variáveis aparentemente mais críticas ou, pelo menos, mais diretamente observáveis para o desempenho de uma organização. Fatores como salários, políticas fiscais e taxas de juros podem influenciar não apenas os custos de produção dos produtos e dos serviços de uma empresa, como também o seu mercado."

Nesse mesmo sentido, Dess, Lumpkin, Eisner e McNamara[26] comentam que "a economia afeta todos os segmentos econômicos, desde os fornecedores de matérias-primas a fabricantes de produtos e serviços finais, bem como todas as organizações de serviços, atacado, varejo, governo e setores sem fins lucrativos".

---

[24] DAFT, op. cit., 2008, p. 134.
[25] SOBRAL; PECI, op. cit., 2013, p. 114.
[26] DESS; LUMPKIM; EISNER, e McNAMARA, op. cit., 2016, p. 45.

Entre os principais indicadores econômicos que devem ser observados pelas empresas, se encontram:

a. Tendências do PIB
b. Taxa de inflação
c. Taxa de juros
d. Taxas de câmbio
e. Índice de desemprego
f. Crescimento econômico
g. Mercado de capitais
h. Reservas cambiais

Variáveis políticas: Os fatores políticos também exercem influências sobre o ambiente onde as empresas competem, podendo se caracterizar como importantes fontes de oportunidades e ameaças. Nesse sentido, um dos principais "atores" é o governo, que, tanto em nível federal como estadual e municipal, figura como componente do ambiente operacional e, ao mesmo tempo, do ambiente geral.

De acordo com Harrison[27], o ambiente político inclui as influências e tendências associadas aos governos e a outras entidades políticas ou legais, figurando como um dos principais determinantes do sucesso empresarial.

A respeito do segmento político, Ireland, Hoskisson e Hitt[28] comentam:

> É a área na qual as organizações e os grupos influentes competem por atenção, recursos e voz na elaboração de leis e normas que regulamentam a interação entre os países, bem como entre as empresas e vários órgãos governamentais locais. Basicamente, este segmento representa como as organizações tentam influenciar os governos e como tentam compreender as influências (atuais e estimadas) de tais governos quanto às suas ações estratégicas.

Além do governo, outros fatores, tais como os interesses e as disputas entre os partidos políticos, os resultados das eleições, a atuação das centrais sindicais, entre outros, também figuram como importantes componentes do ambiente geral das empresas, podendo se caracterizar como fontes relevantes de oportunidades e ameaças.

Variáveis legais: Os fatores condicionantes que se originam das variáveis legais também se destacam como importantes componentes do ambiente geral, uma vez que qualquer empresa, independentemente de sua constituição jurídica, é obrigada a conviver com uma série de influências que têm suas origens nas leis vigentes.

---

[27] HARRISON, op. cit., 2005 p. 53.
[28] IRELAND; HOSKISSON e HITT, op. cit., 2014, p. 41.

Comentando sobre esse tema, Hall[29] diz que a importância das leis para as empresas é tão grande que muitas delas têm peritos legais em seus quadros de assessores, os quais se encarregam, de maneira específica, da interpretação e da orientação que possam proteger a empresa.

Quando se aprova uma nova lei, ou quando a legislação vigente sofre modificações, as empresas são, muitas vezes, obrigadas a realizar mudanças importantes para se adaptar ao novo contexto e evitar possíveis restrições. Dessa forma, as legislações trabalhista, tributária, comercial etc. devem ser objetos de uma análise constante por parte das empresas.

Variáveis culturais: A cultura se refere às características que uma determinada sociedade adquire através da transmissão coletiva de crenças, valores, costumes, padrões comportamentos etc. Assim, como parte integrante da sociedade, as empresas tanto influenciam como são influenciadas pelos padrões culturais predominantes.

Quando se trata de grandes empresas, é comum que elas alcancem uma magnitude que lhes permite modelar os padrões vigentes. Entretanto, qualquer empresa, desde as pequenas até as mais poderosas, deve observar os valores culturais do meio em que está inserida. Esse fato é especialmente importante para aquelas que passam a atuar em outras regiões do país, ou no mercado internacional.

O Brasil é um país caracterizado por uma grande diversidade cultural, onde as diferenças de costumes, crenças e valores exigem que os dirigentes das empresas saibam adaptar as suas estratégias para lidar com as eventuais ameaças e oportunidades que se originam dessa realidade. Da mesma forma, quando passa a atuar no mercado internacional, a empresa deve estar preparada para saber lidar com a diversidade cultural, que geralmente difere dos padrões brasileiros.

Variáveis sociais: Dizem respeito às condições sociais da população que constitui o meio ambiente em que a empresa atua, e que também se caracteriza como uma importante fonte de ameaças e oportunidades.

A análise destas variáveis inclui a verificação das condições de vida da população onde a empresa está inserida, incluindo fatores como a estrutura socioeconômica, o acesso a bens de consumo, a qualidade de vida da população e as suas condições gerais em termos de educação, saúde, emprego, segurança pública etc.

Variáveis tecnológicas: A tecnologia se refere ao conjunto de conhecimentos (métodos, técnicas, processos, equipamentos, instrumentos etc.) utilizados para produzir bens e/ou serviços.

A velocidade com que ocorre o avanço tecnológico tem levado os administradores a adotarem uma postura que vai muito além da simples preocupação de racionalizar os trabalhos e modernizar os equipamentos para obter o máximo rendimento.

---

[29] HALL, Richard H. **Organizaciones: Estructuras, procesos y resultados**, México: Prentice Hall, 1996, p. 225.

Atualmente, os efeitos causados pela rapidez com que ocorrem as mudanças tecnológicas têm se caracterizado como sérias ameaças às empresas que não conseguem se manter constantemente atentas e em condições de se adaptar para não se tornarem obsoletas. Por outro lado, a velocidade com que ocorre este avanço pode significar grandes oportunidades para aquelas que têm capacidade para adquirir e/ou desenvolver a tecnologia necessária para se manter constantemente atualizadas.

Os impactos causados pelas mudanças tecnológicas podem afetar profundamente não apenas a empresa, mas a própria estrutura do setor em que ela atua. Dessa forma, essa realidade gera oportunidades àquelas empresas criativas e que conseguem acompanhar o ritmo das mudanças e, ao mesmo tempo, representa barreiras para as que não apresentam tais condições.

Variáveis demográficas: A composição da população e as suas características, tais como índice de natalidade, índice de mortalidade, crescimento demográfico, crescimento populacional, distribuição por idade, distribuição por sexo, entre outras, também constituem um importante fator de análise por parte das organizações.

As influências destes fatores sobre as empresas podem ser bastante significativas, especialmente quando estão realizando atividades tais como estudo de localização de uma nova fábrica, análise da disponibilidade de recursos humanos, dimensionamento de mercado etc. Em situações como esta, torna-se evidente que a análise das variáveis demográficas também se caracteriza como importante fonte de ameaças e de oportunidades para as empresas.

Variáveis ecológicas: Finalmente, é importante destacar também que a sociedade contemporânea se caracteriza por uma crescente preocupação com o meio ambiente e a sua utilização pelo homem. Neste sentido, a atuação do governo, dos partidos políticos, das instituições que se dedicam à preservação da natureza e assim por diante vêm transformando a ecologia em um fator ambiental cada vez mais importante.

Assim, a cada dia aumenta a responsabilidade pública das organizações no que diz respeito à utilização e ao manuseio do ambiente físico. Dessa forma, o respeito pela natureza se consolida cada vez mais como um importante fator a ser observado pelas empresas. Isto é, os consumidores e a sociedade em geral não esperam apenas produtos e serviços com qualidade, mas também que sejam produzidos e oferecidos por empresas cuja atuação possa ser vista como ecologicamente correta.

Cada um desses componentes, em maior ou menor grau, também pode se caracterizar como possível fonte de ameaças e/ou oportunidades para a empresa, exigindo que seus dirigentes estejam sempre atentos às mudanças ambientais e suas influências.

6

Posicionamento Estratégico da Empresa

Na medida em que se identificam os pontos fortes e pontos fracos, assim como as ameaças e oportunidades ambientais, os dirigentes passam a compreender melhor o contexto em que a empresa está inserida. Deste modo, dependendo da situação identificada, deverá ser adotado um posicionamento estratégico capaz de orientar a futura definição dos objetivos e das estratégias de ação necessárias.

O posicionamento estratégico consiste na realização de um confronto entre a realidade interna e externa da empresa, com a finalidade de delinear uma estratégia de crescimento/diversificação adequada à sua situação e que proporcione o posicionamento competitivo pretendido pela empresa.

De acordo com Johnson e Scholes[1], o posicionamento estratégico trata de posicionar a empresa em relação às demais organizações que estão competindo pelos mesmos clientes, levando em conta uma série de fatores tais como (1) a análise dos competidores; (2) análise das semelhanças e das diferenças entre as estratégias adotadas pelas empresas concorrentes; (3) análise dos segmentos de mercado nos quais a empresa possa vir a ter maior possibilidade de êxito; (4) análise do potencial de crescimento do mercado em que a empresa atua e/ou pretende atuar; (5) análise da atratividade do mercado em função da posição competitiva da empresa e das demais organizações.

O propósito de todas essas análises, segundo Johnson e Scholes, é facilitar a identificação das oportunidades que podem ser aproveitadas, assim como das ameaças que devem ser superadas ou evitadas. Visa facilitar também a compreensão de que o

---

[1] JOHNSON, Gerry; SCHOLES, Kevan. **Dirección Estratégica:** Análisis de la estrategia de las organizaciones, Madrid: Prentice Hall, 1996, p. 72.

êxito das estratégias a serem implementadas depende, fundamentalmente, de que a empresa possua os recursos e as capacidades necessárias para as respaldar.

Nessa mesma linha de raciocínio, Tavares[2] menciona que o confronto entre a realidade interna e externa é que permitirá o delineamento de uma estratégia mais adequada à situação da empresa e que proporcione o posicionamento competitivo pretendido.

Desse modo, levando-se em conta tanto o potencial dos recursos e das capacidades internas da empresa como as suas condições gerais frente ao ambiente competitivo, deve-se adotar um posicionamento estratégico.

Este posicionamento implica a decisão de localizar a empresa em um determinado domínio em termos de produto/mercado, o que pode ser feito de diversas maneiras. Contudo, recomenda-se que, dependendo da situação, seja adotada uma das posturas sugeridas por Menguzzato e Renau[3]: (a) estratégia de estabilidade e sobrevivência, (b) estratégia de crescimento estável ou (c) estratégia de crescimento real.

Estratégias de Estabilidade e de Sobrevivência

As estratégias de estabilidade e de sobrevivência têm por finalidade adotar um posicionamento temporário para que a empresa possa rever as origens de suas dificuldades com o intuito de programar um conjunto de medidas alternativas que possibilitem o retorno a uma situação favorável. Ambas são de natureza defensiva, sendo a distinção entre elas uma questão de grau.

A **estratégia de estabilidade** geralmente é adotada em situações motivadas por fatores externos, tais como quando uma pequena empresa passa a enfrentar um grande concorrente, ou quando a situação econômica do país provoca uma redução na demanda e/ou por fatores internos, tais como incremento nos custos, má gestão da equipe dirigente, falta de renovação no mix de produtos, entre outros.

No que diz respeito à **estratégia de sobrevivência**, esta é adotada quando a dificuldade se agrava, podendo gerar uma situação de insolvência, o que exige o aumento da austeridade e a elaboração de um plano de emergência[4] com a intenção de sair da crise.

---

[2] TAVARES, Mauro Calixta. **Gestão Estratégica**, São Paulo: Atlas, 2005, p. 290.

[3] MENGUZZATO, Martina; RENAU, Juan José. **La dirección estratégica de la empresa:** Un enfoque innovador del management. Barcelona: Editorial Ariel, 1992, p. 233-238.

[4] Ver um exemplo real de plano de emergência em ANDRADE, op. cit., 2018.

Nos dois casos, as decisões geralmente implicam ações como redução de investimentos, contenção de despesas/redução dos custos, venda de ativos para gerar recursos financeiros e reestruturação da equipe de dirigentes como forma de buscar uma saída.

Contudo, à medida que o desenvolvimento do plano de emergência passa a apresentar resultados positivos, a empresa poderá voltar ao seu curso normal. Isto é, se a situação de crise já tiver sido contornada, ou se a instabilidade já não exige medidas drásticas, os seus dirigentes poderão preparar a empresa para um futuro processo de crescimento estável ou real.

Estratégias de Crescimento Estável

A estratégia de crescimento estável é utilizada por empresas que preferem continuar atuando com os mesmos produtos e/ou serviços nos mesmos mercados. Trata-se de uma postura estratégica que tem por finalidade minimizar riscos e manter uma taxa de crescimento que procure acompanhar o desenvolvimento do seu mercado atual.

Abordando este tema, Sobral e Peci[5] comentam que essa estratégia é adotada por empresas que buscam manter o mesmo tamanho ou crescer de forma controlada, sendo caracterizada pela ausência de mudanças significativas nas orientações estratégicas. As empresas que optam por esse tipo de estratégia procuram oferecer os mesmos produtos ou serviços aos mesmos clientes, de forma a manter sua rentabilidade e participação no mercado. Tendem também a implementar poucas alterações nos métodos de produção.

A opção pela estratégia de crescimento estável também é feita, muitas vezes, por empresas que constatam que o seu potencial de recursos e capacidades internas não permite desencadear um processo de crescimento mais arrojado. Assim, busca-se um crescimento moderado, enquanto se prepara para um futuro crescimento real.

Em situações como essa, a empresa estará buscando formas alternativas para manter a posição conquistada até o momento e, ao mesmo tempo, estará tratando de identificar os possíveis impulsos de crescimento futuro. Assim sendo, os administradores estarão preparando a empresa para quando for considerado conveniente o desencadeamento de um processo de crescimento/diversificação.

Estratégias de Crescimento Real

A estratégia de crescimento real é levada a cabo quando as condições internas e as oportunidades ambientais permitem que a empresa possa iniciar um processo de aumento no volume de vendas e de participação no mercado.

---

[5] SOBRAL; PECI, op. cit., 2013, p. 218.

Menguzzato e Renau[6] comentam que este tipo de estratégia é adotado por empresas que procuram aumentar a sua participação no mercado atual, assim como buscar novos mercados para expandir o seu volume de negócios, caracterizando-se como uma estratégia ofensiva. Comentam também esses autores que essa escolha pode resultar de fatores tais como:

a. Quando os dirigentes da empresa se sentem motivados pelo incremento nas vendas e nos lucros correspondentes.

b. Quando o crescimento se caracteriza como um resultado, ou consequência, de uma boa performance da empresa.

c. Quando, em certos setores instáveis, o crescimento real se transforma em uma necessidade para garantir a sobrevivência da empresa.

Assim sendo, a estratégia de crescimento real sugere a adoção de uma postura mais ousada que se caracterize pelo desencadeamento de um processo de crescimento/diversificação que permita o estabelecimento de novas posições comerciais para a empresa.

Posicionamento Estratégico, Crescimento e Diversificação

Uma vez que a empresa tenha definido o seu posicionamento estratégico, o passo seguinte é decidir sobre como deve ser desencadeado o processo de crescimento/diversificação.

Assim sendo, tanto no crescimento real como no estável, devem ser consideradas quais são as alternativas estratégicas mais adequadas para o desencadeamento de um processo de crescimento consistente. Para tanto, recomenda-se a utilização da abordagem desenvolvida a partir de Ansoff[7] e Kotler[8].

Na proposta desenvolvida por Ansoff, e também discutida por Kotler, são apresentadas três alternativas de crescimento/diversificação para as empresas: (1) crescimento intensivo, (2) crescimento integrado e (3) crescimento diversificado.

Crescimento Intensivo

Nessa primeira proposta são discutidas oportunidades de crescimento e diversificação baseadas nas atuais atividades da empresa em termos de produto/mercado, no

---

[6] MENGUZZATO; RENAU, op. cit., 1992, p. 233.

[7] ANSOFF, H. Igor. Estratégia Empresarial, São Paulo: McGraw-Hill, 1977.

[8] KOTLER, op. cit., 1991.

que podem ser desenvolvidas as seguintes alternativas estratégicas: (a) penetração de mercado, (b) desenvolvimento de mercado e (c) desenvolvimento de produto.

a. Penetração de mercado

A estratégia de penetração de mercado consiste na tentativa de aumentar as vendas de seus produtos atuais no mercado atual, através de um marketing mais agressivo, o que inclui três possibilidades:

- Estimular os consumidores a aumentar a sua taxa atual de consumo oferecendo descontos, sugerindo novos usos etc.
- Aumentar os esforços para atrair consumidores da concorrência, através de ações tais como a diferenciação de marca e aumento da promoção de venda.
- Aumentar os esforços para atrair os não usuários, utilizando estratégias tais como o estímulo à experimentação do produto pela oferta de amostras grátis ou aumentando os esforços na divulgação de novos usos.

Discutindo esse tema, Harrison[9] comenta que "as empresas que estão buscando a penetração de mercado constroem sua participação de mercado através de investimentos em propaganda, expansão de capacidade e/ou equipe de vendas. Mais tarde, essas organizações podem decidir buscar diversificação fora de seus mercados tradicionais".

Nessa mesma linha de raciocínio, Johnson, Scholes e Whittington[10] afirmam que a penetração de mercado se baseia nas capacidades estratégicas existentes, e não requer que a empresa se arrisque em território desconhecido. Além disso, uma maior participação no mercado implica maior poder perante os compradores e fornecedores (em termos das cinco forças competitivas).

b. Desenvolvimento de mercado

A estratégia de desenvolvimento de mercado consiste na tentativa de a empresa aumentar o volume de vendas de seus produtos atuais em novos mercados, o que inclui duas possibilidades:

- Abrir mercados geográficos por meio de expansão regional, nacional ou internacional.

---

[9] HARRISON, op. cit., 2005 p. 171.
[10] JOHNSON; SCHOLES e WHITTINGTON, op. cit., 2011, p. 196.

- Tentar atrair outros segmentos de mercado desenvolvendo versões dos produtos que atrairiam esses segmentos, penetrando em outros canais de distribuição ou fazendo publicidade em outra mídia.

Harrison[11] comenta que a estratégia de desenvolvimento de mercado envolve o reposicionamento dos atuais produtos e/ou serviços para apelar para um novo mercado. Para apoiar essa estratégia, a empresa necessita investir em pesquisa de mercado, em propaganda e promoção e em uma nova equipe de vendas.

c. Desenvolvimento de produto

Consiste na tentativa de aumentar as vendas com produtos novos ou aperfeiçoados para o mercado atual, o que inclui três possibilidades:

- Desenvolvimento de novas características para os produtos, tentando adaptar, modificar, minimizar, substituir etc.
- Criar diversas versões para os produtos.
- Desenvolver modelos e tamanhos adicionais.

Essa estratégia é muito utilizada, por exemplo, por empresas que se dedicam à produção de refrigerantes, que geralmente estão disponíveis em diferentes versões.

Crescimento Integrado

O crescimento integrado discute as oportunidades de crescimento/diversificação quando a empresa tem possibilidades de aumentar a sua lucratividade movendo-se para trás, para frente ou horizontalmente dentro do setor ou indústria em que atua. As três possibilidades de crescimento integrado são: (a) integração para trás, (b) integração para frente e (c) integração horizontal.

a. Integração para trás

Na integração para trás, a empresa promove o seu crescimento/diversificação através da redução de dependência de fornecedores, podendo ser tanto através da compra de empresas fornecedoras como pela decisão de passar a produzir as matérias-primas de que necessita. Por exemplo, uma empresa que se dedica à confecção pode crescer através da compra ou da criação de uma malharia, de uma fiação etc.

---

[11] HARRISON, op. cit., 2005 p. 171.

b. Integração para frente

Consiste na tentativa de obter um maior controle sobre os sistemas de distribuição, através da posse ou do controle sobre os intermediários, ou quando a empresa decide criar seu próprio sistema de vendas diretas aos consumidores, com canais de distribuição próprios. Essa alternativa estratégica foi utilizada pela Cia. Hering[12], que passou a transitar no varejo, com a abertura de sua primeira loja em 1993, sem deixar a sua vocação fabril.

c. Integração horizontal

A integração horizontal ocorre quando a empresa procura crescer através da compra ou do controle de concorrentes.

De acordo com Certo e Peter[13], "essa estratégia promove o crescimento por meio da aquisição de empresas concorrentes em uma mesma linha de negócios. É adotada no esforço de aumentar seu porte, vendas, lucros e participação potencial no mercado."

Crescimento Diversificado

O crescimento diversificado é utilizado por empresas que decidem buscar oportunidades fora dos seus domínios atuais de produto/mercado, optando por uma das seguintes alternativas estratégicas: (a) diversificação concêntrica, (b) diversificação horizontal e (c) diversificação conglomerada.

a. Diversificação concêntrica

Consiste no desenvolvimento de produtos novos com sinergia tecnológica ou de marketing. No caso da sinergia tecnológica, por exemplo, uma empresa que se dedica à produção de relógios digitais poderia utilizar a mesma tecnologia para fabricar calculadoras, jogos eletrônicos etc. Quanto à sinergia de marketing, uma empresa que produz motocicletas poderia produzir também jaquetas para motociclistas, capacetes, luvas etc.

Ao optar pela diversificação concêntrica, a empresa busca oportunidades de produto/mercado nas quais seus recursos e suas capacidades pudessem ser utilizados como base de diferenciação e vantagem competitiva (ver o Capítulo 4).

---

[12] Cia. Hering. Disponível em <http://www.ciahering.com.br/novo/pt/empresa/historia>. Acesso em 28/06/2017.

[13] CERTO; PETER, op. cit., 2010, p. 80.

b. Diversificação horizontal

Consiste no desenvolvimento de novos produtos que poderiam atrair os seus consumidores atuais, apesar de não estarem tecnicamente relacionados à sua linha atual de produtos. Por exemplo, uma empresa que confecciona roupas para adolescentes, graças ao conhecimento de seus gostos e estilo de vida, pode oferecer outros produtos, como calçados, acessórios ou cosméticos.

A estratégia de diversificação horizontal diferencia-se do desenvolvimento de produtos pelo fato de que, na diversificação horizontal, tanto os produtos quanto os benefícios deles resultantes são novos. Nesse caso, a empresa estaria entrando em novos negócios, buscando novos domínios de produto/mercado em áreas não relacionadas às atuais.

c. Diversificação conglomerada

Consiste no desenvolvimento de novos produtos, sem qualquer relação tecnológica ou de marketing, para novas classes de consumidores. Neste caso, a empresa passa a atuar em diferentes mercados, com uma gama de produtos diversos, destinados a diferentes tipos de clientes.

Essa alternativa estratégica geralmente é adotada por empresas maiores, que têm maior capacidade de investimento para criar a estrutura necessária para atuar em diferentes setores, com diferentes negócios.

7

A Definição de Objetivos Estratégicos no Contexto da Pequena Empresa

Conceito, Importância e Características dos Objetivos

A definição de objetivos constitui uma das etapas principais do processo de planejamento estratégico. Entretanto é de fundamental importância que haja uma clara distinção entre os termos missão, visão estratégica e objetivos estratégicos.

A missão, de acordo com o que se discutiu no Capítulo 3, trata de esclarecer qual é a razão de ser da empresa, tendo-se em vista os benefícios que os clientes e/ou usuários esperam. A visão estratégica (também discutida no Capítulo 3), se refere à aspiração dos dirigentes e/ou proprietários da empresa em relação ao seu futuro no longo prazo.

Quanto aos objetivos, podem ser definidos como uma situação futura desejada pela empresa, em função da qual devem ser empregados os recursos e dirigidos os esforços.

Nessa mesma linha de raciocínio, Sobral e Peci[1] explanam que os objetivos são resultados, propósitos, intenções ou estados futuros que as empresas pretendem alcançar por meio da alocação de esforços e recursos em determinada direção.

---

[1] SOBRAL; PECI, op. cit., 2013, p. 200.

Desse modo, a partir da definição do negócio, da missão e da visão estratégica, levando-se em conta também as fortalezas e debilidades internas da empresa e as oportunidades e ameaças ambientais, os dirigentes poderão especificar o que pretendem realizar em termos mais concretos.

Essa especificação se inicia com a definição dos objetivos estratégicos, que são, inicialmente, formulados em termos amplos, direcionados para a empresa como um todo. Assim sendo, os objetivos estratégicos necessitam ser, posteriormente, desdobrados para metas mais específicas e quantificadas.[2]

Abordando esse tema, Dess, Lumpkin, Eisner e McNamara[3] interpretam que os objetivos estratégicos são usados para realizar a declaração da missão. Isto é, eles ajudam a orientar a maneira pela qual a empresa pode satisfazer ou avançar em direção às metas maiores — a missão e a visão.

Entretanto considera-se relevante destacar que, ainda que já tenham sido identificados os principais pontos fortes e pontos fracos da empresa, assim como as oportunidades e ameaças ambientais, é importante lembrar que o planejamento estratégico é um processo dinâmico que exige revisão constante. Isto é, alguma eventual mudança no contexto ambiental interno e/ou externo poderá exigir que se realizem mudanças e/ou adaptações no plano.

Contudo, a partir do que já foi realizado até este ponto, os dirigentes da empresa já reuniram as informações necessárias para dar continuidade ao processo de planejamento estratégico através da definição de objetivos.

Tratando desse tema, Daft[4] comenta que a complexidade e a incerteza do ambiente de hoje sobre o futuro sobrecarregam muitos gerentes e fazem com que foquem questões operacionais e resultados de curto prazo ao invés de objetivos e planos de longo prazo. Entretanto o desenvolvimento de objetivos e planos fornecem muitos benefícios para as empresas, tais como:

a. Facilitam a identificação dos colaboradores com a empresa e ajudam a motivá-los, reduzindo a incerteza e deixando claro o que eles devem realizar.

b. Ajudam os gerentes a decidir onde eles precisam alocar os recursos.

c. Fornecem um senso de direção, facilitando a concentração em alvos específicos e o direcionamento dos esforços dos colaboradores em direção a resultados importantes.

---

[2] O Capítulo 8, "Planos de Ação", trata do desdobramento dos objetivos estratégicos em metas específicas e quantificadas.

[3] DESS; LUMPKIM; EISNER e McNAMARA, op. cit., 2016, p. 26-27.

[4] DAFT, Richard L. **Administração**, São Paulo: Cengage Learning, 2010, p. 239-241.

d. Servem como base para as decisões. Como as decisões em toda a empresa estão alinhadas ao processo de planejamento e ao alcance de objetivos, os gerentes identificam mais facilmente o que a empresa está tentando realizar. Com isso, os gerentes podem mais facilmente tomar decisões coerentes com os resultados desejados.

e. Como os objetivos definem os resultados desejados pela empresa, eles servem também como critérios para o desempenho, fornecem um padrão de avaliação.

Tratando desse tema, Certo e Peter[5] comentam que os objetivos fornecem o fundamento para o planejamento, a organização, a motivação e o controle. Sem objetivos, a empresa poderia tomar qualquer direção.

Para dirigir a empresa com eficácia, segundo esses autores, os executivos devem usar os objetivos como:

a. **Orientações na tomada de decisões.** Uma parte significativa do trabalho de qualquer administrador envolve tomada de decisões.

b. **Guia para aumentar a eficiência da empresa.** Uma empresa eficiente é aquela que, para atingir seus objetivos, desperdiça poucos recursos.

c. **Guia para avaliação do desempenho.** Todo esforço e trabalho é de importância fundamental para atingir os objetivos empresariais. Os administradores devem avaliar e recompensar o desempenho dos colaboradores para que a empresa atinja seus objetivos.

O Processo de Definição de Objetivos Estratégicos

Conforme discutido no Capítulo 1, nas pequenas empresas é comum existir um tipo de planejamento informal e caracterizado por uma vaga definição de objetivos (ver a seção "O Conceito e o Contexto do Planejamento na Pequena Empresa", no Capítulo 1).

Discutiu-se também no Capítulo 1 que o planejamento existente nas pequenas empresas tende a ser limitado e assistemático. Entretanto, para planejar racionalmente e dar continuidade ao processo de planejamento estratégico, é imprescindível que os dirigentes das pequenas empresas se comprometam com a definição de objetivos estratégicos coerentes com a situação interna e externa identificada.

Portanto, levando-se em conta a importância da fixação de objetivos para o êxito das empresas, vários autores têm realizado esforços nesse sentido, apresentando

---

[5] CERTO; PETER, op. cit., 2010, p. 60.

classificações (ou categorias) para os objetivos empresariais como, por exemplo, a abordagem sugerida por Drucker.[6]

Essa abordagem, embora tenha sido apresentada na década de 50, ainda é muito referenciada por pesquisadores da área da estratégia empresarial, na qual Drucker propõe oito áreas-chave para as quais a empresa deve formular objetivos: (1) posição de mercado; (2) inovação; (3) produtividade; (4) recursos financeiros e naturais; (5) lucratividade; (6) atuação e desenvolvimento de administradores; (7) desempenho e atitudes dos trabalhadores; (8) responsabilidade pública.

- **Posição de mercado:** Definição de objetivos relacionados ao posicionamento da empresa no mercado, tendo em vista o desempenho dos concorrentes diretos ou indiretos.

- **Inovação:** Refere-se à inovação tanto nos produtos e/ou serviços como a inovação nas diversas habilidades e atividades necessárias para que a empresa os possa oferecer.

- **Produtividade:** Definição de objetivos relacionados a uma eficiente combinação de recursos, com a finalidade de proporcionar uma produção máxima com um mínimo de custos e esforços.

- **Recursos financeiros e naturais:** Definição de objetivos relacionados aos recursos necessários para o funcionamento da empresa, tais como recursos financeiros, equipamentos, instalações, estoques de matéria-prima etc.

- **Lucratividade:** Obtenção de lucros capazes de garantir a sobrevivência e a prosperidade da empresa.

- **Atuação e desenvolvimento de administradores:** Definição de objetivos relacionados à qualidade do desempenho dos administradores, à sua capacidade de atingir objetivos.

- **Desempenho e atitudes dos trabalhadores:** Definição de objetivos relacionados ao desempenho do pessoal não administrativo e suas atitudes em relação ao seu trabalho e à empresa.

- **Responsabilidade pública:** Além do esforço empreendido para que os objetivos organizacionais sejam alcançados, a empresa deve, também, preocupar-se em tomar iniciativa no sentido de realizar o que é produtivo para a sociedade, contribuindo com a sua prosperidade.

---

[6] DRUCKER, op. cit., 1981, p. 59-81 (primeira edição em inglês: The practice of management, 1955).

Para que os objetivos estratégicos possam vir a ser definidos em coerência com a realidade interna e externa da empresa, eles devem ter por base as seguintes diretrizes:

1. O **negócio** e a **missão** da empresa, os quais devem ser observados como principais elementos de orientação para as decisões relacionadas ao desenvolvimento do composto de produtos e/ou serviços necessários para que a empresa possa satisfazer as necessidades e/ou desejos de seus clientes.
2. A **visão estratégica**, que diz respeito à aspiração dos dirigentes e/ou proprietários da empresa em relação ao seu futuro de longo prazo.
3. A **análise interna**, a partir da qual podem ser formulados objetivos com o intuito tanto de eliminar os pontos fracos como para tirar o máximo proveito dos pontos fortes da empresa.
4. A **análise externa**, que pode servir de base para a definição de objetivos, com a finalidade de que a empresa possa se precaver contra as ameaças ambientais, assim como tirar o máximo proveito das oportunidades.
5. O **posicionamento estratégico**, que indica o posicionamento da empresa em termos de produto/mercado, levando em conta tanto o seu potencial de recursos e capacidades como as condições gerais do ambiente competitivo no qual ela está inserida.

A partir da análise dessas diretrizes, recomenda-se que nessa etapa do processo de planejamento estratégico os objetivos sejam fixados de acordo com as seguintes áreas-chave: (1) marketing/vendas; (2) produção/operações; (3) logística/materiais; (4) recursos humanos/gestão de pessoas; (5) finanças. A Figura 7.1 ilustra esse processo:

```
┌─────────────────────────┐
│    NEGÓCIO e MISSÃO     │
│ Oferecimento de benefícios para │
│ satisfazer as necessidades e os │
│    desejos dos clientes         │
└─────────────────────────┘
┌─────────────────────────┐
│         VISÃO           │
│   Futuro que se deseja  │
│ construir para a empresa│
└─────────────────────────┘
┌─────────────────────────┐
│    ANÁLISE INTERNA      │
│   Eliminação de pontos  │
│  fracos e aproveitamento│
│     de pontos fortes    │
└─────────────────────────┘
┌─────────────────────────┐
│    ANÁLISE EXTERNA      │
│     Aproveitamento de   │
│ oportunidades e precaução│
│     contra ameaças      │
└─────────────────────────┘
┌─────────────────────────┐
│    POSICIONAMENTO       │
│      ESTRATÉGICO        │
│ Localização da empresa em│
│      um domínio de      │
│    produto/mercado      │
└─────────────────────────┘
           │
           ▼
   ┌──────────────┐          ┌──────────────────┐
   │  OBJETIVOS   │ ──────► │ MARKETING/VENDAS │
   │ ESTRATÉGICOS │          └──────────────────┘
   └──────────────┘          ┌──────────────────┐
                              │ PRODUÇÃO/OPERAÇÕES│
                              └──────────────────┘
                              ┌──────────────────┐
                              │ LOGÍSTICA/MATERIAIS│
                              └──────────────────┘
                              ┌──────────────────┐
                              │    RECURSOS      │
                              │ HUMANOS/GESTÃO   │
                              │   DE PESSOAS     │
                              └──────────────────┘
                              ┌──────────────────┐
                              │     FINANÇAS     │
                              └──────────────────┘
```

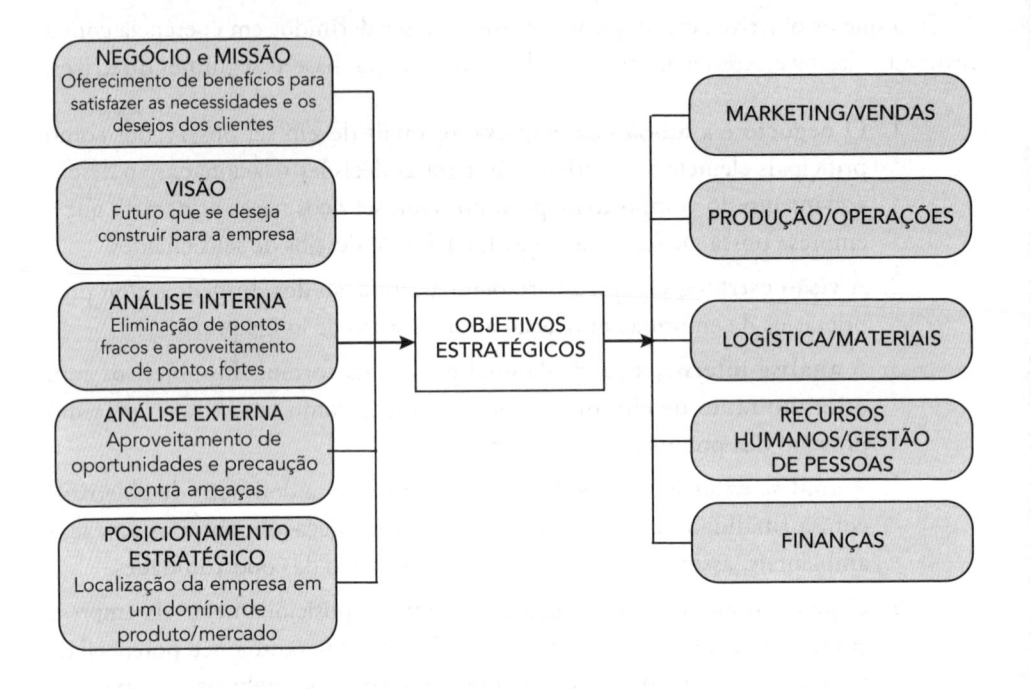

FIGURA 7.1: O processo de fixação de objetivos estratégicos
Fonte: o autor

Os objetivos que os dirigentes da empresa deverão definir em cada uma das áreas-chave, conforme comentado anteriormente, devem ter por base as diretrizes sugeridas. Contudo, a título de exemplo, apresentam-se a seguir alguns fatores[7] que podem facilitar o processo de fixação de objetivos estratégicos para as diversas áreas da empresa.

Marketing/Vendas

O sucesso ou o fracasso de qualquer empresa resulta de vários fatores, destacando-se como um dos principais a sua capacidade para satisfazer ou encantar seus clientes.

---

[7] Os fatores utilizados para definir objetivos nas áreas-chave propostas a seguir foram adaptados de relatórios de consultoria realizados em diversas empresas, de KAPLAN, Robert S.; NORTON, David P. **A Estratégia em Ação:** Balanced scorecard, Rio de Janeiro: Campus, 1997, e de KAPLAN, Robert S.; NORTON, David P. **Mapas Estratégicos:** Convertendo ativos intangíveis em resultados tangíveis, Rio de Janeiro: Editora Campus, 2004.

A Definição de Objetivos Estratégicos no Contexto da Pequena Empresa 97

Portanto, na área de marketing/vendas[8], devem ser incluídos os objetivos relacionados à satisfação dos clientes e aos interesses comerciais da empresa.

No que diz respeito à satisfação dos clientes, Kaplan e Norton[9] comentam que quatro processos genéricos podem servir de base para a definição de objetivos estratégicos nessa área:

a. **Selecionar clientes:** Identificar segmentos de clientes atraentes para a empresa, elaborar proposições de valor específicas para esses segmentos e criar uma imagem de marca que atraia clientes desses segmentos para os produtos e serviços da empresa.

b. **Conquistar clientes:** Comunicar a mensagem ao mercado, atrair clientes potenciais e converter os clientes potenciais em clientes efetivos.

c. **Reter clientes:** Garantir a qualidade, corrigir os problemas e transformar os clientes em "fãs ardorosos", altamente satisfeitos.

d. **Cultivar relacionamentos com os clientes:** Conhecer os clientes, construir relacionamentos com eles, aumentar a participação da empresa nas atividades de compra dos clientes-alvo.

A partir da identificação dos clientes-alvo, a empresa pode definir objetivos relacionados aos seus interesses comerciais, tendo por base fatores tais como:

a. Participação no mercado.

b. Volume de vendas que pretende realizar.

c. Produtos e/ou os serviços atuais que devem ser mantidos, inovados ou retirados do mercado.

d. Novos produtos e/ou serviços que devem ser lançados.

e. Imagem da empresa perante os clientes e perante a sociedade como um todo.

Produção/Operações

Na área de produção/operações, devem ser definidos objetivos que resultem na melhoria da eficiência dos processos de produção de produtos e/ou serviços. Para isso, podem ser utilizados fatores tais como:

a. Melhorar/racionalizar os processos de planejamento e controle da produção.

---

[8] É comum, nas pequenas empresas, usar a denominação de área comercial para a função de marketing/vendas. É comum também incluir as atividades de compras nessa área.
[9] KAPLAN; NORTON, op. cit., 2004, p. 109.

b. Melhorar/racionalizar o layout das áreas de produção e de movimentação de materiais.
c. Reduzir os custos de produção.
d. Melhorar o desempenho/produtividade (da empresa como um todo e do pessoal da produção).
e. Reduzir o tempo decorrido entre o início e o fim da produção.
f. Aumentar a capacidade de produção da empresa.
g. Melhorar os processos de manutenção preventiva e corretiva.
h. Melhorar os processos de controle de qualidade da produção.

Logística/Materiais

Os objetivos definidos na área de logística/materiais podem ter por base os seguintes fatores:

a. Reduzir os custos de pedido, recebimento, inspeção, armazenamento e movimentação de materiais.
b. Reduzir os prazos decorridos entre o pedido e o recebimento de materiais.
c. Melhorar os sistemas de controle de estoque.
d. Reduzir os custos de entrega aos clientes.
e. Aumentar o percentual de entregas pontuais.
f. Reduzir o percentual de itens entregues com defeitos.
g. Reduzir o número de reclamação por parte dos clientes.

Recursos Humanos/Gestão de Pessoas

Na área de recursos humanos/gestão de pessoas, a definição de objetivos pode estar baseada em fatores tais como:

a. Melhorar os processos de recrutamento e seleção de pessoal da empresa.
b. Melhorar o sistema de treinamento e desenvolvimento de pessoal.

c. Melhorar o ambiente de trabalho, o incentivo ao trabalho em equipe, a garantia da segurança e da equidade, não admitindo discriminação de qualquer espécie (raça, sexo, idade ou nacionalidade).
   d. Melhorar as práticas dos sistemas de remuneração pelo desempenho.

Finanças

Nesta área, devem ser definidos os objetivos relacionados às fontes de receita e aos valores necessários para o financiamento de todas as atividades desenvolvidas nas diversas áreas, assim como para garantir o retorno sobre o capital investido e a lucratividade da empresa. Dessa forma, podem-se definir objetivos baseados em fatores tais como:

   a. Tornar-se líder em custo no setor através da observação de fatores como a comparação com o custo por unidade dos concorrentes, a porcentagem de redução anual no custo por unidade de produto e a porcentagem de variação no custo orçado.
   b. Maximizar o uso dos ativos existentes através da melhoria de fatores como o índice de vendas/ativos, o giro de estoque, o caixa disponível, a eficiência dos investimentos, a porcentagem de faturas pagas no vencimento etc.
   c. Aumentar as receitas através do aumento na participação das compras realizadas pelos clientes existentes.
   d. Aumentar as receitas decorrentes de novos clientes.

O Quadro 7.1, a seguir, apresenta alguns exemplos de objetivos estratégicos definidos a partir das áreas-chave anteriormente citadas: (1) marketing/vendas; (2) produção/operações; (3) logística/materiais; (4) recursos humanos/gestão de pessoas; (5) finanças.

QUADRO 7.1: Objetivos estratégicos da empresa

Área	Objetivo Estratégico
Marketing/vendas	1. Aumentar o nível de satisfação dos clientes. 2. Ampliar a carteira de clientes. 3. Aumentar o volume de vendas.
Produção/operações	4. Aumentar a capacidade de produção da empresa.
Logística/materiais	5. Melhorar a eficiência dos sistemas de compras e controle de estoque.

Área	Objetivo Estratégico
Recursos humanos/ gestão de pessoas	6. Melhorar a eficiência dos processos de recrutamento e seleção de pessoal da empresa. 7. Aprimorar o sistema de treinamento da empresa (colaboradores recém-contratados e antigos).
Finanças	8. Melhorar a eficiência dos sistemas de gestão administrativa e financeira da empresa.

Fonte: o autor

Comentou-se anteriormente que os objetivos estratégicos são, inicialmente, formulados em termos amplos, direcionados para a empresa como um todo. Assim sendo, eles devem ser desdobrados em metas mais específicas e quantificadas. Portanto, ao longo dos diferentes níveis hierárquicos da empresa, os objetivos estratégicos deverão ser traduzidos em metas operacionais e em ações específicas para sua consecução, tal como se apresentam no capítulo seguinte.

8

Planos de Ação

O desenvolvimento do processo de planejamento estratégico permite que os dirigentes das pequenas empresas possam agir racionalmente, facilitando a sua tarefa de tomada de decisões e de condução da empresa rumo aos objetivos pretendidos.

No entanto, considerando que o planejamento estratégico é por natureza amplo, lidando, por conseguinte, com questões de caráter geral e voltado para o longo prazo, torna-se necessário o seu desdobramento em planos mais detalhados (planos de ação).

Os planos de ação lidam com as questões táticas e operacionais, voltadas para o médio e curto prazos, e procuram traduzir e moldar as decisões estratégicas em planos mais concretos, capazes de ser entendidos e executados dentro de uma linguagem mais detalhada e específica.

Discutindo este tema, Costa[1] afirma que:

> Um verdadeiro plano estratégico não estará pronto se não estiverem prontos os planos de ação (...) Para cada objetivo e para cada meta, deve haver planos de ação específicos para assegurar que as ações e os passos necessários para a implantação das estratégias combinadas sejam executadas e acompanhadas por pessoas previamente alocadas.

Nesse mesmo sentido, Vasconcellos Filho e Pagnoncelli[2] comentam que "a ponte entre a intenção e a realização é a ação. A estratégia nada significa até que se transforme em ação, e esta em resultados (...) o que deverá ser feito através dos planos de ação".

---

[1] COSTA, op. cit., 2012, p. 179-180.

[2] VASCONCELLOS FILHO; PAGNONCELLI, op. cit., 2001, p. 313-314.

Os planos de ação, inicialmente, deverão ser elaborados a partir do detalhamento de cada um dos objetivos estratégicos formulados. Em seguida, com o intuito de facilitar os processos de implementação e controle, deverão ser elaborados os planos de ações individuais.

Planos de Ações por Objetivos

Primeiramente, cada um dos objetivos estratégicos da empresa deverá ser desdobrado em planos de ação com metas específicas, as quais, de acordo com Lussier, Reis e Ferreira[3], "determinam o que deve ser realizado em termos singulares e mensuráveis no prazo estabelecido".

O desdobramento dos objetivos estratégicos em planos de ações com metas concretas pode ser levado a cabo através da definição de: (1) área; (2) objetivo estratégico; (3) metas; (4) ação; (5) estratégias de ação; (6) responsável; (7) prazo; (8) recursos financeiros necessários para o desenvolvimento de cada uma das ações, tal como se apresentam a seguir:

ÁREA: ❶				OBJETIVO ESTRATÉGICO 01: ❷			
META(S) ❸	AÇÃO Nº ❹	ESTRATÉGIAS DE AÇÃO ❺	RESPON-SÁVEL ❻	PRAZO (de cada ação) ❼		RECURSOS FINANCEIROS NECESSÁRIOS ❽
				INÍCIO	FIM	

Figura 8.1: Formulário para o desenvolvimento de planos de ação por objetivo
Fonte: o autor

PREENCHIMENTO DO FORMULÁRIO	
CAMPO ❶ ÁREA	Neste campo, indicar a área-chave na qual o objetivo estratégico se enquadra [(1) marketing/vendas; (2) produção/operações; (3) logística/materiais; (4) recursos humanos/gestão de pessoas; (5) finanças].
CAMPO ❷ OBJETIVO ESTRATÉGICO	Indicar o objetivo estratégico a ser detalhado, por exemplo: • Aumentar o volume de vendas.

---

[3] LUSSIER; REIS e FERREIRA, op. cit., 2010, p. 26-27.

PLANOS DE AÇÃO

PREENCHIMENTO DO FORMULÁRIO	
CAMPO ❸ METAS	As **metas** são os resultados fixados para o curto e médio prazos (cada uma das metas deve ser quantificada e ter um prazo estabelecido para o seu cumprimento, tal como aparecem nos exemplos a seguir). Assim, neste campo, devem ser incluídas uma ou mais metas, quantificando-as. Isto é, devem ser indicados a quantidade e o prazo, por exemplo: *aumentar o volume de vendas em 50% até dezembro de 2017.* **Observações:** a. Muitas vezes, para definir uma meta, basta quantificar o próprio objetivo, por exemplo: **Objetivo:** *Aumentar o volume de vendas.* **Meta:** *Aumentar o volume de vendas em 50% até dezembro de 2017.* b. Em determinadas ocasiões, não é possível definir metas simplesmente quantificando o próprio objetivo. Neste caso, torna-se necessária a utilização de indicadores, que são palavras-chave a partir das quais as metas podem ser definidas, por exemplo: **Objetivo 1:** *Aumentar o nível de satisfação dos clientes.* **Indicador 1:** *Reclamação por parte de clientes.* **Meta 1:** *Diminuir em 100% os motivos de reclamação por parte dos clientes até 15 de novembro de 2017.* **Objetivo 2:** *Aumentar a motivação dos empregados.* **Indicador 2:** *Absenteísmo.* **Meta 2:** *Reduzir o absenteísmo em 80% até dezembro de 2017.*
CAMPO ❹ AÇÃO N°	Indicar o número de ordem da ação.
CAMPO ❺ ESTRATÉGIAS DE AÇÃO	Neste campo, devem ser indicadas as estratégias de ação necessárias para o cumprimento das metas, por exemplo: **Meta 1:** *Aumentar o volume de vendas em 50% até dezembro de 2017.* **Ação 1.1:** *Instituir um programa de visitas periódicas aos clientes atuais.* **Ação 1.2:** *Ampliar/estender o cronograma de visitas aos clientes potenciais identificados.* **Ação 1.3:** *Criar um sistema de marketing para a empresa (propaganda/comunicação com os clientes).*
CAMPO ❻ RESPONSÁVEL (pela estratégia de ação)	Neste campo, deve ser indicado um responsável para cada uma das ações definidas. Esse responsável estará encarregado de desenvolver um plano específico (plano de ações individuais) para levar a cabo cada uma das ações sob sua responsabilidade.
CAMPO ❼ PRAZO (da ação)	Indicar o prazo para cada uma das ações definidas: a. Indicar prazo de início e fim para cada uma das ações. b. É possível que existam ações que tenham prazo indeterminado. Nesse caso, indicar o prazo de início e marcar o prazo final com um traço (-).
CAMPO ❽ RECURSOS FINANCEIROS NECESSÁRIOS	Indicar neste campo o montante de recursos financeiros necessários para desenvolver cada uma das ações (refere-se ao custo total para desenvolver cada uma das ações).

Formulários – Planejamento Estratégico

A seguir, apresenta-se um exemplo de plano de ações para cada um dos objetivos estratégicos constantes no Quadro 7.1.

ÁREA: Marketing/vendas		OBJETIVO ESTRATÉGICO 01: Aumentar o nível de satisfação dos clientes.
META(S)	AÇÃO N°	ESTRATÉGIAS DE AÇÃO
META 1A: Diminuir em 100% os motivos de reclamação por parte dos clientes até novembro de 2018.	1.1	Criar um SAC (serviço de atendimento ao cliente) com a finalidade de manter contato direto com os clientes, resolver seus problemas, ouvir sugestões, tirar dúvidas e atender às suas reclamações.
META 1B: Melhorar o atendimento aos clientes até dezembro de 2018.	1.2	Promover cursos de treinamento sobre técnica de vendas para todos os vendedores.
	1.3	Racionalizar/reduzir o tempo de atendimento aos clientes.
META 1C: Melhorar a gama de serviços à disposição dos clientes até janeiro de 2019.	1.4	Desenvolver um sistema de tratamento diferenciado para os clientes especiais.
	1.5	Oferecer descontos especiais para os clientes atuais que apresentarem novos clientes.

ÁREA: Marketing/vendas		OBJETIVO ESTRATÉGICO 02: Ampliar a carteira de clientes.
META(S)	AÇÃO N°	ESTRATÉGIAS DE AÇÃO
META 2A: Aumentar a carteira de clientes em 30% até fevereiro de 2019.	2.1	Identificar/mapear, no mercado atual, clientes potenciais em descoberto.
	2.2	Elaborar um cronograma e realizar visitas para os clientes potenciais identificados.
	2.3	Contratar um promotor de vendas com a finalidade de ampliar a capacidade de prospecção de novos clientes.

RESPONSÁVEL	PRAZO (de cada ação)		RECURSOS FINANCEIROS NECESSÁRIOS
	INÍCIO	FIM	
Antônio Pereira	05/09/18	–	R$3.000,00
Ana Carolina	07/08/18	31/08/18	R$5.500,00
Antônio Pereira	02/10/18	–	R$2.000,00
Antônio Pereira	12/09/18	–	R$1.800,00
Antônio Pereira	02/08/18	–	R$6.500,00

RESPONSÁVEL	PRAZO (de cada ação)		RECURSOS FINANCEIROS NECESSÁRIOS
	INÍCIO	FIM	
Cláudia Amorim	02/09/18	19/09/18	R$2.500,00
Cláudia Amorim	21/08/18	25/10/18	R$6.500,00
Antônio Pereira	25/08/18	–	R$8.800,00/mês

ÁREA: Marketing/vendas		OBJETIVO ESTRATÉGICO 02: Ampliar a carteira de clientes.
META(S)	AÇÃO Nº	ESTRATÉGIAS DE AÇÃO
META 2B: Atuar em outros nichos de mercado até dezembro de 2018.	2.4	Visitar feiras de negócios para identificar novas oportunidades.
	2.5	Criar uma imagem de marca que atraia clientes de novos segmentos.

ÁREA: Marketing/vendas		OBJETIVO ESTRATÉGICO 03: Aumentar o volume de vendas.
META(S)	AÇÃO Nº	ESTRATÉGIAS DE AÇÃO
META 3A: Aumentar o volume de vendas para o mercado atual em 30% até março de 2019.	3.1	Criar um sistema de marketing para a empresa (propaganda/comunicação com os clientes).
	3.2	Instituir um programa de visitas periódicas aos clientes atuais.
	3.3	**Ver ações 2.1, 2.2 e 2.3:** • Identificar/mapear, no mercado atual, clientes potenciais em descoberto. • Elaborar um cronograma de visitas para os clientes potenciais identificados. • Contratar um promotor de vendas com a finalidade de ampliar a capacidade de prospecção de novos clientes.
	3.4	Estabelecer um sistema de controle sobre a eficácia dos contatos mantidos para realizar vendas (criar gráfico/tabela para registrar e acompanhar a eficácia dos contatos para vendas): $$\frac{\text{VENDAS EFETUADAS}}{\text{CONTATOS MANTIDOS}} = \text{EFICÁCIA DOS CONTATOS PARA VENDAS}$$

RESPONSÁVEL	PRAZO (de cada ação)		RECURSOS FINANCEIROS NECESSÁRIOS
	INÍCIO	FIM	
Cláudia Amorim	25/08/18	30/11/18	R$16.500,00
Cláudia Amorim	–	31/10/18	R$8.000,00

RESPONSÁVEL	PRAZO (de cada ação)		RECURSOS FINANCEIROS NECESSÁRIOS
	INÍCIO	FIM	
Cláudia Amorim	–	30/11/18	R$16.500,00
Cláudia Amorim	–	30/09/18	R$9.500,00/mês
Cláudia Amorim e Antônio Pereira			
Mariza Silva	–	30/08/18	

ÁREA: Marketing/vendas		OBJETIVO ESTRATÉGICO 03: Aumentar o volume de vendas.
META(S)	AÇÃO Nº	ESTRATÉGIAS DE AÇÃO
META 3A (continuação)	3.5	Rever/redefinir a atual política de comissão sobre vendas (valorizar mais as comissões sobre o volume).
	3.6	**Ver ação 7.3:** Instituir um programa de treinamento específico para os vendedores e promotores de vendas com ênfase em técnicas de vendas e prospecção de novos clientes.
	3.7	Desenvolver/melhorar material de apoio para ser utilizado pelos promotores de venda e/ou vendedores (tanto para ampliar as vendas para os clientes atuais como para prospectar novos clientes).

ÁREA: Produção/operações		OBJETIVO ESTRATÉGICO 04: Aumentar a capacidade de produção da empresa.
META(S)	AÇÃO Nº	ESTRATÉGIAS DE AÇÃO
META 4A: Melhorar/racionalizar o processo de produção até novembro de 2018.	4.1	Fazer revisão do PCP com a finalidade de rever os materiais empregados para evitar desperdício.
	4.2	Rever/avaliar os atuais sistemas de manutenção preventiva e corretiva.
	4.3	Rever/avaliar/racionalizar os atuais sistemas controle de qualidade.
META 4B: Diminuir em 30% o tempo médio decorrido entre o início e o fim da produção até dezembro de 2018.	4.4	Substituir equipamentos obsoletos e/ou com eficiência abaixo da média.
	4.5	Eliminar processos ineficientes e/ou que não agregam valor.
	4.6	Racionalizar o fluxo e o layout da produção.

RESPONSÁVEL	PRAZO (de cada ação)		RECURSOS FINANCEIROS NECESSÁRIOS
	INÍCIO	FIM	
Antônio Pereira	–	30/08/18	R$7.800,00/mês
Mariza Silva	–	18/09/18	R$5.000,00

RESPONSÁVEL	PRAZO (de cada ação)		RECURSOS FINANCEIROS NECESSÁRIOS
	INÍCIO	FIM	
Rogério Beltrão	08/08/18	22/08/18	–
Eduardo Silva	08/08/18	15/08/18	R$3.000,00
Eduardo Silva	23/08/18	30/08/18	R$3.000,00
Rogério Beltrão	–	30/08/18	R$35.000,00
Rogério Beltrão	–	30/08/18	R$6.000,00
Rogério Beltrão	08/08/18	05/10/18	R$3.800,00

ÁREA: Logística/materiais		OBJETIVO ESTRATÉGICO 05: Melhorar a eficiência dos sistemas de compras e controle de estoque.
META(S)	AÇÃO Nº	ESTRATÉGIAS DE AÇÃO
META 5A: Melhorar os sistemas de compras e controle de estoque até outubro de 2018.	5.1	Informatizar o sistema de controle de estoque.
	5.2	Rever o tempo de reposição dos componentes: período que se leva desde a emissão do pedido de compra de determinado produto até o seu efetivo recebimento pela empresa.
	5.3	Inserir o cálculo do estoque mínimo (ou estoque de segurança) no sistema da empresa. (O **estoque mínimo**, também conhecido como estoque de segurança, é a quantidade mínima que deve existir no estoque. Ele se destina a cobrir os atrasos de reposição por parte do fornecedor, e tem a finalidade de garantir que o produto não falte).
	5.4	Racionalizar o uso do espaço disponível para o armazenamento de componentes (usar o "espaço vertical").
	5.5	Rever/ampliar a carteira de fornecedores.

ÁREA: Recursos humanos/ gestão de pessoas		OBJETIVO ESTRATÉGICO 06: Melhorar a eficiência dos processos de recrutamento e seleção de pessoal da empresa.
META(S)	AÇÃO Nº	ESTRATÉGIAS DE AÇÃO
META 6A: Melhorar a eficiência do processo de recrutamento de pessoal até janeiro de 2019.	6.1	Rever a ficha/solicitação de emprego atualmente preenchida na portaria da empresa pelos interessados em oportunidades.
	6.2	Realizar um estudo para identificar novas fontes de recrutamento de pessoal.
	6.3	Definir as estratégias de comunicação com as fontes de recrutamento identificadas (definição de mídia e conteúdo dos anúncios de acordo com o perfil de cada fonte de recrutamento identificada).

RESPONSÁVEL	PRAZO (de cada ação)		RECURSOS FINANCEIROS NECESSÁRIOS
	INÍCIO	FIM	
Marcos Antunes	03/08/18	19/08/18	R$6.000,00
Marcos Antunes	–	12/08/18	R$1.000,00
Marcos Antunes	–	30/09/18	R$1.000,00
Marcos Antunes	02/08/18	20/09/18	R$3.000,00
Marcos Antunes	–	03/10/18	R$4.000,00

RESPONSÁVEL	PRAZO (de cada ação)		RECURSOS FINANCEIROS NECESSÁRIOS
	INÍCIO	FIM	
André Oliveira	–	20/09/18	R$1.000,00
Ricardo Pereira	03/10/18	25/10/18	R$3.000,00
Ricardo Pereira	25/10/18	04/11/18	R$6.000,00

ÁREA: Recursos humanos/ gestão de pessoas		OBJETIVO ESTRATÉGICO 06: Melhorar a eficiência dos processos de recrutamento e seleção de pessoal da empresa.
META(S)	AÇÃO Nº	ESTRATÉGIAS DE AÇÃO
META 6B: Melhorar a eficiência do processo de seleção de pessoal até novembro de 2018.	6.4	Melhorar a divulgação dos benefícios atualmente oferecidos aos colaboradores.
	6.5	Buscar experiências de outras empresas com relação ao recrutamento de pessoal (benchmarking).
	6.6	Criar um roteiro (lista de temas que devem ser abordados) com a finalidade de facilitar a execução da entrevista e o registro das informações obtidas dos candidatos.
	6.7	Definir quais são as informações que devem ser passadas para os candidatos por ocasião da entrevista de seleção.
	6.8	Instituir o teste prático como etapa do processo de seleção de pessoal para a área de produção.
	6.9	Definir critérios para a decisão final (sobre a contratação, ou não, do candidato).

RESPONSÁVEL	PRAZO (de cada ação)		RECURSOS FINANCEIROS NECESSÁRIOS
	INÍCIO	FIM	
André Oliveira	–	09/09/18	R$1.000,00
Ricardo Pereira	31/10/18	15/12/18	R$4.000,00
André Oliveira	–	20/09/18	R$1.000,00
Ricardo Pereira	–	12/09/18	R$1.000,00
André Oliveira	20/10/18	–	R$2.000,00
Ricardo Pereira	–	20/10/18	R$1.000,00

ÁREA: Recursos humanos/ gestão de pessoas		OBJETIVO ESTRATÉGICO 07: Aprimorar o sistema de treinamento da empresa (colaboradores recém-contratados e antigos).
META(S)	AÇÃO Nº	ESTRATÉGIAS DE AÇÃO
META 7A: Melhorar a eficácia do sistema de treinamento e desenvolvimento de pessoal da empresa até outubro de 2018.	7.1	Instituir um programa de treinamento de integração/elaborar uma nova proposta de treinamento de integração para os colaboradores recém-contratados.
	7.2	Rever/melhorar o programa de treinamento atualmente oferecido aos colaboradores das áreas da produção, logística e financeira.
	7.3	Instituir um programa de treinamento específico para os vendedores e promotores de vendas com ênfase em técnicas de vendas e prospecção de novos clientes.

ÁREA: Finanças		OBJETIVO ESTRATÉGICO 08: Melhorar a eficiência dos sistemas de gestão administrativa e financeira da empresa.
META(S)	AÇÃO Nº	ESTRATÉGIAS DE AÇÃO
META 8A: Melhorar atuais sistemas de controle financeiro até novembro de 2018.	8.1	Diagnosticar a atual situação financeira da empresa: ver saldos em conta corrente, fazer um levantamento de todas as dívidas, saldo negativo, parcelas etc.
	8.2	Criar um fluxo de caixa com atualização diária.
	8.3	Elaborar uma planilha/orçamento de despesas fixas mês a mês.
	8.4	Analisar os atuais procedimentos administrativos e de controle do setor financeiro e propor as melhorias necessárias.
	8.5	Desenvolver e implantar um sistema de controle capaz de permitir o pleno conhecimento da margem de lucro para cada produto da empresa.

RESPONSÁVEL	PRAZO (de cada ação)		RECURSOS FINANCEIROS NECESSÁRIOS
	INÍCIO	FIM	
Ana Carolina	31/08/18	–	R$3.000,00
Ana Carolina	–	30/09/18	R$4.000,00
Ana Carolina	31/08/18	30/09/18	R$5.000,00

RESPONSÁVEL	PRAZO (de cada ação)		RECURSOS FINANCEIROS NECESSÁRIOS
	INÍCIO	FIM	
Mariza Pereira	31/08/18	15/09/18	R$1.000,00
Marcos Antunes	30/09/18	–	R$2.000,00
Marcos Antunes	–	31/10/18	–
Mariza Pereira	31/08/18	25/09/18	R$1.000,00
Mariza Pereira	31/08/18	25/09/18	R$2.000,00

Planos de Ações Individuais

A partir dos planos de ação por objetivos, o processo de planejamento estratégico passa da fase da elaboração para a implementação. Isto é, a empresa necessita implantar todas as estratégias de ações arroladas para que estas se convertam nos resultados esperados por seus dirigentes.

Discutindo tal tema, Sobral e Peci[4] comentam que "a implementação estratégica é uma das etapas mais difíceis do processo e engloba a execução de um conjunto de tarefas e ações gerenciais com o objetivo de colocar a estratégia em prática. Afinal, sem uma implementação adequada, a formulação estratégica pode se tornar apenas boa intenção".

Em termos práticos, os dirigentes da empresa deverão realizar uma reunião de trabalho com todos os membros da empresa que constam como responsáveis pelo desencadeamento de ações arroladas nos planos de ação por objetivos. Nesta reunião, a partir dos planos de ações por objetivos, deverão ser elaborados os planos de ações individuais, de acordo com o modelo apresentado a seguir:

RESPONSÁVEL: ❶				
AÇÃO N° ❷	ESTRATÉGIAS DE AÇÃO ❸	PRAZO (de cada ação) ❹		RECURSOS FINANCEIROS NECESSÁRIOS ❺
		INÍCIO	FIM	

FIGURA 8.2: Formulário para o desenvolvimento de planos de ações individuais
Fonte: o autor

---

[4] SOBRAL; PECI, op. cit., 2013, p. 233.

PREENCHIMENTO DO FORMULÁRIO

CAMPO ❶	Neste campo, deverá ser indicado o nome do responsável pelas ações que foram atribuídas nos diversos planos de ações por objetivos.
CAMPO ❷	Indicar o número da ação, de acordo com o que consta nos planos de ações por objetivos.
CAMPO ❸	Transcrever as estratégias de ações correspondentes aos números citados nos planos de ações por objetivos.
CAMPO ❹	Repetir os mesmos prazos anteriormente indicados nos planos de ações por objetivos.
CAMPO ❺	Repetir os mesmos recursos financeiros anteriormente indicados nos planos de ações por objetivos.

A seguir, apresentam-se alguns exemplos de planos de ações individuais.

RESPONSÁVEL: Mariza Silva

AÇÃO Nº	ESTRATÉGIAS DE AÇÃO	PRAZO (de cada ação)		RECURSOS FINANCEIROS NECESSÁRIOS
		INÍCIO	FIM	
3.4	Estabelecer um sistema de controle sobre a eficácia dos contatos mantidos para realizar vendas (criar gráfico/tabela para registrar e acompanhar a eficácia dos contatos para vendas).	–	30/08/18	R$1.800,00
3.7	Desenvolver/melhorar material de apoio para ser utilizado pelos promotores de venda e/ou vendedores (tanto para ampliar as vendas para os clientes atuais como para prospectar novos clientes).	–	18/09/18	R$5.000,00

RESPONSÁVEL: Ricardo Pereira				
AÇÃO Nº	ESTRATÉGIAS DE AÇÃO	PRAZO (de cada ação)		RECURSOS FINANCEIROS NECESSÁRIOS
		INÍCIO	FIM	
6.2	Realizar um estudo para identificar novas fontes de recrutamento de pessoal.	03/10/18	25/10/18	R$3.000,00
6.3	Definir as estratégias de comunicação com as fontes de recrutamento identificadas (definição de mídia e conteúdo dos anúncios, de acordo com o perfil de cada fonte de recrutamento identificada).	25/10/18	04/11/18	R$6.000,00
6.5	Buscar experiências de outras empresas com relação ao recrutamento de pessoal (benchmarking).	31/10/18	15/12/18	R$4.000,00
6.7	Definir quais são as informações que devem ser passadas para os candidatos por ocasião da entrevista de seleção.	–	12/09/18	R$1.000,00
6.8	Instituir o teste prático como etapa do processo de seleção de pessoal para a área de produção.	–	20/10/18	R$2.000,00
6.9	Definir critérios para a decisão final (sobre a contratação, ou não, do candidato).	–	20/10/18	R$1.000,00

RESPONSÁVEL: André Oliveira

AÇÃO Nº	ESTRATÉGIAS DE AÇÃO	PRAZO (de cada ação) INÍCIO	PRAZO (de cada ação) FIM	RECURSOS FINANCEIROS NECESSÁRIOS
6.1	Rever a ficha/solicitação de emprego atualmente preenchida na portaria da empresa pelos interessados em oportunidades.	–	20/09/18	R$1.000,00
6.4	Melhorar a divulgação dos benefícios atualmente oferecidos aos colaboradores.	–	09/09/18	R$1.000,00
6.6	Criar um roteiro (lista de temas que devem ser abordados) com a finalidade de facilitar a execução da entrevista e o registro das informações obtidas dos candidatos.	–	20/09/18	R$1.000,00
6.8	Instituir o teste prático como etapa do processo de seleção de pessoal para a área de produção.	20/10/18	–	R$2.000,00

RESPONSÁVEL: Cláudia Amorim

AÇÃO Nº	ESTRATÉGIAS DE AÇÃO	PRAZO (de cada ação) INÍCIO	PRAZO (de cada ação) FIM	RECURSOS FINANCEIROS NECESSÁRIOS
2.1	Identificar/mapear, no mercado atual, clientes potenciais em descoberto.	02/09/18	19/09/18	R$2.500,00
2.2	Elaborar um cronograma de visitas aos clientes potenciais identificados.	21/08/18	25/10/18	R$1.500,00
2.4	Visitar feiras de negócios para identificar novas oportunidades.	25/08/18	30/11/18	R$16.500,00

RESPONSÁVEL: Cláudia Amorim				
AÇÃO Nº	ESTRATÉGIAS DE AÇÃO	PRAZO (de cada ação)		RECURSOS FINANCEIROS NECESSÁRIOS
		INÍCIO	FIM	
2.5	Criar uma imagem de marca que atraia clientes de novos segmentos.	–	31/10/18	R$8.000,00
3.1	Criar um sistema de marketing para a empresa (propaganda/comunicação com os clientes).	–	30/11/18	R$16.500,00
3.2	Instituir um programa de visitas periódicas aos clientes atuais.	–	30/09/18	R$9.500,00/mês

RESPONSÁVEL: Ana Carolina					
AÇÃO Nº	ESTRATÉGIAS DE AÇÃO	PRAZO (de cada ação)		RECURSOS FINANCEIROS NECESSÁRIOS	
		INÍCIO	FIM		
1.2	Promover cursos de treinamento sobre técnica de vendas para todos os vendedores.	07/08/18	31/08/18	R$5.500,00	
7.1	Instituir um programa de treinamento de integração/ elaborar uma nova proposta de treinamento de integração para os colaboradores recém--contratados.	31/08/18	–	R$3.000,00	
7.2	Rever/melhorar o programa de treinamento atualmente oferecido aos colaboradores das áreas da produção, logística e financeira.	–	30/09/18	R$4.000,00	

RESPONSÁVEL: Ana Carolina

AÇÃO Nº	ESTRATÉGIAS DE AÇÃO	PRAZO (de cada ação)		RECURSOS FINANCEIROS NECESSÁRIOS
		INÍCIO	FIM	
7.3	Instituir um programa de treinamento específico para os vendedores e promotores de vendas, com ênfase em técnicas de vendas e prospecção de novos clientes.	31/08/18	30/09/18	R$5.000,00

RESPONSÁVEL: Rogério Beltrão

AÇÃO Nº	ESTRATÉGIAS DE AÇÃO	PRAZO (de cada ação)		RECURSOS FINANCEIROS NECESSÁRIOS
		INÍCIO	FIM	
4.1	Fazer revisão do PCP com a finalidade de rever os materiais empregados para evitar desperdício.	08/08/18	22/08/18	–
4.4	Substituir equipamentos obsoletos e/ou com eficiência abaixo da média.	–	30/08/18	R$35.000,00
4.5	Eliminar processos ineficientes e/ou que não agregam valor.	–	30/08/18	R$6.000,00
4.6	Racionalizar o fluxo e o layout da produção.	08/08/18	05/09/18	R$3.800,00

RESPONSÁVEL: Eduardo Silva

AÇÃO Nº	ESTRATÉGIAS DE AÇÃO	PRAZO (de cada ação)		RECURSOS FINANCEIROS NECESSÁRIOS
		INÍCIO	FIM	
4.2	Rever/avaliar os atuais sistemas de manutenção preventiva e corretiva.	08/08/18	15/08/18	R$3.000,00
4.3	Rever/avaliar/racionalizar os atuais sistemas de controle de qualidade.	23/08/18	30/08/18	R$3.000,00

RESPONSÁVEL: Mariza Pereira

AÇÃO Nº	ESTRATÉGIAS DE AÇÃO	PRAZO (de cada ação)		RECURSOS FINANCEIROS NECESSÁRIOS
		INÍCIO	FIM	
8.1	Diagnosticar a atual situação financeira da empresa: ver saldos em conta corrente, fazer um levantamento de todas as dívidas, saldo negativo, parcelas etc.	31/08/18	15/09/18	R$1.000,00
8.4	Analisar os atuais procedimentos administrativos e de controle do setor financeiro e propor as melhorias necessárias.	31/08/18	25/09/18	R$1.000,00
8.5	Desenvolver e implantar um sistema de controle capaz de permitir o pleno conhecimento da margem de lucro para cada produto da empresa.	31/08/18	25/09/18	R$2.000,00

RESPONSÁVEL: Marcos Antunes				
AÇÃO Nº	ESTRATÉGIAS DE AÇÃO	PRAZO (de cada ação)		RECURSOS FINANCEIROS NECESSÁRIOS
		INÍCIO	FIM	
8.2	Criar um fluxo de caixa com atualização diária.	30/09/18	–	R$2.000,00
8.3	Elaborar uma planilha/ orçamento de despesas fixas mês a mês.	–	31/10/18	–

Após a realização da reunião de trabalho e a consequente elaboração dos planos de ações individuais, deverão ser agendadas reuniões periódicas para acompanhar o desenvolvimento das ações programadas e fazer as eventuais correções.

Nessas reuniões, cada um dos responsáveis pelos planos de ações individuais deverá apresentar as ações que estavam ao seu encargo. Com isso, se torna possível proceder o controle e a avaliação dos resultados atingidos e, eventualmente, fazer as correções necessárias.

9

Organização e Estrutura

Para que a empresa possa desenvolver seus sistemas de planejamento e atingir os objetivos desejados, é necessário distribuir tarefas a seus membros, regulamentar procedimentos e relações de trabalho, distribuir autoridade entre os diferentes níveis hierárquicos, estabelecer mecanismos de coordenação e controle etc. Isto é, é necessário organizar a empresa.

Antes de se discutir os passos necessários para esse fim, entretanto, é importante considerar que a palavra organização tem pelos menos dois sentidos[1], por exemplo: "a Igreja Católica é uma organização muito antiga", ou então, "precisamos modificar a organização no nosso departamento". Examinando essas duas frases, é possível perceber o duplo sentido da palavra. No primeiro caso, o termo organização significa uma entidade social, tal como uma igreja, uma empresa, ou uma universidade. Quanto ao segundo sentido, se refere à forma pela qual determinada coisa se estrutura. Neste capítulo, a palavra organização será usada no segundo sentido, ou seja, como função administrativa.

Organização na Pequena Empresa

Ao contrário do que geralmente acontece nas grandes empresas, as pequenas frequentemente têm seus processos de planejamento, gestão e controle caracterizados pela informalidade. Assim, é comum que as pequenas empresas, além de não possuírem sistemas de planejamento formalizado, também se caracterizem por não possuir uma estrutura organizacional formalmente definida.

---

[1] Conceitos e exemplos adaptados de MOTTA, Fernando C. Prestes, PEREIRA, Luiz C. Bresser Pereira. **Introdução à Organização Burocrática**. São Paulo, Editora Brasiliense, 1981, p. 19.

Conforme se comentou anteriormente[2], as pequenas empresas estão organizadas de uma maneira muito simples, apresentando pouca divisão do trabalho e uma pequena hierarquia administrativa. Grande parte de suas atividades gira em torno de um diretor geral. Este diretor geral, que geralmente é o proprietário, exerce o controle pessoalmente através da supervisão direta.

Entretanto, à medida que aumenta o volume de negócios e a empresa cresce, seus dirigentes passam a sentir uma maior necessidade de melhorar a eficiência de seus processos de controle, de racionalizar a distribuição das tarefas entre seus membros, de criar departamentos especializados etc. Assim sendo, percebem que para atingir os objetivos pretendidos é necessário realizar uma adequação na estrutura organizacional da empresa, que se refere à maneira através da qual ela será organizada em setores ou departamentos.

Para que a empresa possa se organizar adequadamente, entretanto, é necessário analisar os diversos componentes que caracterizam a sua estrutura organizacional, entre os quais se encontram: (1) a formalização; (2) a autoridade; (3) a diferenciação e a integração; (4) a centralização e a descentralização.

A Formalização

A formalização se refere ao uso regras e normas administrativas e à padronização de atividades/procedimentos na empresa.

A respeito desse tema, Lacombe e Heilborn[3] comentam que "quanto maior e mais complexa a empresa, maior a necessidade de formalizarmos sua organização. Uma empresa pequena e simples, com poucos funcionários, pode ser administrada com um mínimo de formalização, mas, à medida que cresce e se torna mais complexa, aumenta a necessidade de formalizarmos a sua estrutura organizacional".

Debatendo sobre a formalização, Caravantes, Panno e Kloeckner[4] interpretam que, uma vez que a empresa adquire um determinado porte, torna-se necessário estabelecer certos controles e normas que orientem o comportamento dos seus integrantes. Isso se manifestará através de políticas, ou guias para a ação, cuja função é criar estabilidade e previsibilidade para que a empresa possa funcionar.

---

[2] Ver a seção "Caracterização da Empresa", no Capítulo 2.

[3] LACOMBE, Francisco José Masset; HEILBORN, Gilberto Luiz José. Administração: Princípios e tendências. São Paulo: Saraiva, 2006, p. 137.

[4] CARAVANTES, Geraldo R.; PANNO, Claudia C.; KLOECKNER, Mônica C. **Administração**: Teoria e processo. São Paulo: Pearson | Prentice Hall, 2006, p. 4.

Assim sendo, a formalização é levada a cabo através do estabelecimento de mecanismos tais como as normas de conduta, a regulamentação das relações de mando e subordinação, a criação de processos internos conscientemente elaborados e a distribuição de atividades de uma forma racional e planejada.[5]

Poder e Autoridade

O estabelecimento de mecanismos de controle e de orientação de comportamento dos membros da empresa com a finalidade de que esta funcione adequadamente tem lugar na estrutura organizacional, e é levado a cabo através do exercício do poder. Para lidar com essa questão de forma apropriada, entretanto, é necessário distinguir claramente os conceitos de poder e autoridade.

Daft[6] comenta que "na literatura popular, o poder é frequentemente descrito como uma característica pessoal e um tópico corriqueiro, é como uma pessoa pode influenciar ou dominar outra". Na área da administração, entretanto, o poder pode ser conceituado como a capacidade de uma pessoa ou um departamento em uma empresa de influenciar outras pessoas para obter os resultados desejados.

Quanto à autoridade, trata-se de um tipo de poder, o qual Daft[7] conceitua como o direito formal e legítimo que um gerente têm de tomar decisões, dar ordens e alocar recursos para alcançar os resultados desejados pela empresa.

Ainda de acordo com o autor, a autoridade possui três características:

1º. **A autoridade é investida nas posições organizacionais, e não nas pessoas:** Os gerentes possuem autoridade por causa das posições que ocupam na estrutura organizacional da empresa, e não em razão de suas características pessoais (outras pessoas nas mesmas posições teriam a mesma autoridade).
2º. **A autoridade é aceita pelos subordinados:** Os subordinados obedecem porque acreditam que aqueles que estão investidos no cargo possuem o direito legítimo de dar ordens.
3º. **A autoridade flui de cima para baixo na hierarquia da empresa:** A autoridade existe ao longo da cadeia de comando formal, e as posições no topo da hierarquia são investidas com mais autoridade formal.

---

[5] BLAU, Peter M.; SCOTT, W. Richard. **Organizações Formais**: Uma abordagem comparativa, São Paulo: Atlas, 1979; MENGUZZATO; RENAU, op. cit., 1992 e MERTON, Robert K. **Estrutura Burocrática e Personalidade**, em ETZIONI, Amitai. **Organizações Complexas**: Estudo das organizações em face dos problemas sociais, São Paulo: Atlas, 1981.

[6] DAFT, op. cit., 2008, p. 476-477.

[7] DAFT, op. cit., 2010, p. 352.

No que diz respeito ao uso da autoridade por parte dos gerentes e da aceitação pelos subordinados, Stoner e Freeman[8] comentam que uma pessoa somente aceitará uma comunicação como tendo autoridade quando quatro condições acontecerem simultaneamente: (1) quando ela pode entender e entende a comunicação; (2) no momento de sua decisão, ela acredita que esta não é incoerente com o propósito da empresa; (3) no momento de sua decisão, ela acredita que seja compatível com o seu interesse pessoal como um todo; (4) ela está apta mental e fisicamente para cumpri-la.

É importante destacar também que nas empresas existem dois tipos de autoridade: autoridade de linha e autoridade de assessoria (ou de apoio).[9]

A **autoridade de linha** se refere à responsabilidade por tomar decisões e distribuir ordens por meio da cadeia de comando. Os gerentes de linha são responsáveis principalmente pelas ações executivas tendo em vista atingir os objetivos da empresa. Quanto à **autoridade de assessoria**, a responsabilidade é por prestar assessoramento, recomendações e aconselhamento em sua área de *expertise*. Por exemplo, os departamentos jurídicos das empresas se caracterizam como assessoria.

A Diferenciação e a Integração

A divisão do trabalho se caracterizou como um tema clássico na área da administração graças a Lawrence e Lorsch[10], que instituíram o termo diferenciação e integração.

A **diferenciação**, segundo Lawrence e Lorsch[11], é a divisão da empresa em unidades ou departamentos, cada qual desempenhando tarefas específicas segundo as exigências impostas pelo meio externo. Por exemplo: a unidade de vendas trata de problemas relacionados ao mercado, aos clientes, aos competidores, entre outros, enquanto a unidade de produção trata das fontes de equipamentos, das fontes de matéria-prima etc.

No contexto empresarial, a diferenciação se apresenta de duas maneiras: (1) a *diferenciação horizontal* se refere à forma em que estão subdivididas as tarefas desenvolvidas

---

[8] STONER; FREEMAN, op. cit., 1995, p. 225.

[9] LUSSIER; REIS e FERREIRA, op. cit., 2010, p. 182 e DAFT, op. cit., 2010, p. 354.

[10] LAWRENCE, Paul R.; LORSCH, Jay W. **O Desenvolvimento de Organizações**: Diagnóstico e ação, São Paulo, editora Edgard Blücher Ltda., 1972 e LAWRENCE, Paul R.; LORSCH, Jay W. **As Empresas e o Ambiente**: Diferenciação e integração administrativas, Petrópolis, Vozes, 1973.

[11] LAWRENCE; LORSCH, op. cit., 1973, p. 24.

na empresa; (2) a *diferenciação vertical* se refere ao número de níveis hierárquicos e à distribuição da autoridade de acordo com esses níveis.[12]

Abordando esse tema, Kast e Rosenzweig[13] comentam que as empresas têm algumas bases comuns para a diferenciação horizontal de suas atividades. Em uma pequena loja, por exemplo, um sócio geralmente desempenha certas funções, como as compras e o controle financeiro, enquanto o outro se encarrega das vendas, da comunicação com os clientes etc. De tal modo, em uma pequena empresa, a diferenciação pode ser informal e pode surgir dos interesses naturais e das habilidades dos indivíduos envolvidos.

No que diz respeito à diferenciação vertical, esses autores comentam que ela estabelece uma estrutura básica de comunicação e autoridade chamada cadeia de comando. Nas empresas, é comum existir diferenciações verticais típicas de postos que vão desde operários braçais e supervisores de primeira linha até gerentes médios e altos executivos.

No que diz respeito à **integração**, é a "qualidade do estado de colaboração existente entre departamentos, necessário para realizar a unidade de esforços segundo as exigências do ambiente" – o termo integração se refere tanto ao estado das relações interdepartamentais como aos processos e aos mecanismos através dos quais se realiza este estado.[14]

A diferenciação e a integração, segundo Lawrence e Lorsch[15], apresentam uma relação inversa. Isto é, "quando as unidades (devido a suas tarefas particulares) são muito diferenciadas, é mais difícil lograr a integração entre elas do que nos casos em que as unidades têm maneiras semelhantes de pensar e atuar."

Finalmente, Lawrence e Lorsch[16] consideram também que, à medida que as empresas empreendem tarefas mais complexas, tendem a se complicar internamente por causa da diferenciação das novas unidades. Entretanto, as empresas mais eficientes são as que, ainda que apresentem uma grande diferenciação, conseguem obter um elevado grau de integração.

---

[12] HALL, Richard H. **Organizaciones**: Estructuras, procesos y resultados, México: Prentice Hall, 1996, p. 56; KAST, Fremont E.; ROSENZWEIG, James E. **Administración en las Organizaciones**: Enfoque de sistemas y de contingencias, México, McGraw-Hill, 1994, p. 254-256 e PFEFFER, Jeffrey **Organizaciones y Teoría de las Organizaciones**. México: Fondo de Cultura Económica, 1992, p. 166-167.

[13] KAST; ROSENZWEIG, op. cit., 1994, p. 255.

[14] LAWRENCE; LORSCH, op. cit., 1973, p. 28.

[15] LAWRENCE; LORSCH, op. cit., 1972, p. 13.

[16] MINTZBERG, Henry, A estrutura das organizações. In: MINTZBERG, Henry; LAMPEL, Joseph, QUINN, James Brian; GHOSHAL, Sumantra. **O Processo da Estratégia**: Conceitos, contextos e casos selecionados. Porto Alegre, Bookman, 2006, p. 191.

A Centralização e a Descentralização

A centralização e a descentralização se referem ao grau em que o poder para a tomada de decisões na empresa está mais concentrado ou difundido. Tratando desse tema, Mintzberg[17] comenta que, quando todo o poder está concentrado em um único ponto da empresa, chamamos isso de estrutura centralizada; se o poder está disperso entre várias pessoas, dizemos que a estrutura é relativamente descentralizada.

Abordando este tema, Sobral e Peci[18] comentam que a centralização significa que a autoridade para tomar decisões está centrada no topo da hierarquia da empresa, enfatizando assim a cadeia de comando. Por outro lado, descentralização significa que a autoridade é distribuída pelos níveis hierarquicamente inferiores da empresa. Nenhuma empresa funcionaria com eficácia se todas as decisões fossem centralizadas em poucas pessoas, da mesma forma que não funcionaria se todas as decisões fossem tomadas pelos níveis hierárquicos que implementam essas decisões. Assim sendo, cabe aos administradores decidirem qual é o grau de centralização adequado à sua empresa.

Tipos de Estrutura Organizacional

Para que a empresa possa implementar suas estratégias e, ao mesmo tempo, manter a coordenação e o controle de suas atividades, é necessária uma estrutura organizacional apropriada.

A estrutura organizacional, de acordo com Dess, Lumpkin, Eisner e McNamara[19], "se refere aos padrões formalizados das interações que ligam as tarefas, tecnologias e pessoal das empresas." De acordo com esses autores, a estrutura organizacional ajuda a assegurar que os recursos sejam usados de modo eficaz para cumprir a missão da empresa.

Abordando esse tema, Ireland, Hoskisson e Hitt[20] comentam que "a estrutura organizacional especifica as relações hierárquicas, os procedimentos, controles, autoridade e processos de tomada de decisões da empresa."

Sobre a definição da estrutura organizacional necessária para manter a competitividade estratégica da empresa, existem diferentes abordagens. Entretanto, sem a intenção de ser exaustivo, apresentam-se a seguir as formas estruturais mais utilizadas pelas organizações contemporâneas: simples, funcional, multidivisional e matricial.

---

[17] MINTZBERG, Henry, A Estrutura das Organizações. In: MINTZBERG, Henry; LAMPEL, Joseph, QUINN, James Brian; GHOSHAL, Sumantra. **O Processo da Estratégia**: Conceitos, contextos e casos selecionados. Porto Alegre, Bookman, 2006, p. 191.

[18] SOBRAL; PECI, op. cit., 2013, p. 265.

[19] DESS; LUMPKIM, EISNER, e McNAMARA, op. cit., 2016, p. 312.

[20] IRELAND, HOSKISSON e HITT, op. cit., 2014, p. 19.

Desse modo, a partir da análise de Certo e Peter[21], Dess, Lumpkin, Eisner e McNamara[22], Ireland, Hoskisson e Hitt[23] e Johnson, Scholes e Whittington[24], apresentam-se as principais características de cada um destes quatro tipos de estrutura organizacional.

Estrutura Simples

A estrutura simples, típica das pequenas empresas, caracteriza-se por uma forte centralização da autoridade por parte do proprietário gerente, pela pouca formalização e por uma coordenação baseada essencialmente na supervisão direta e no princípio da unidade de comando. Este tipo de estrutura se caracteriza também pelas relações diretas entre os seus membros.

Nas empresas que utilizam esta forma estrutural, o principal dirigente, geralmente o proprietário, assume quase todas as responsabilidades da direção, contando, no máximo, com a ajuda de um sócio ou de um auxiliar. Na estrutura simples existe muito pouca divisão de responsabilidades diretivas, e provavelmente com uma definição pouco clara sobre quem é responsável pelo quê. O funcionamento dessas empresas normalmente se realiza através do controle pessoal exercido pelo principal dirigente. A Figura 9.1, a seguir, ilustra o exemplo da estrutura organizacional de uma pequena oficina de automóveis.

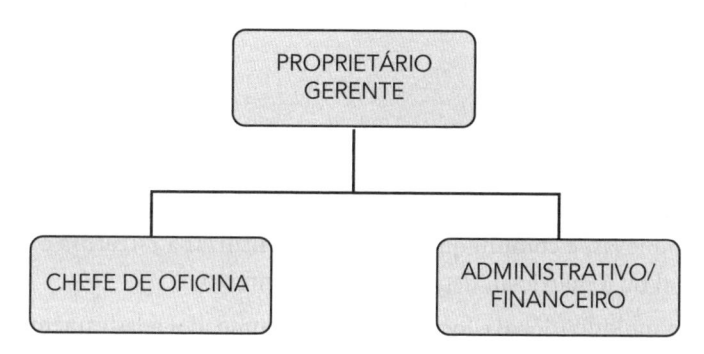

Figura 9.1: Estrutura simples
Fonte: o autor

---

[21] CERTO; PETER, op. cit., 1993.
[22] DESS; LUMPKIM; EISNER, e McNAMARA, op. cit., 2016.
[23] IRELAND; HOSKISSON e HITT, op. cit., 2014.
[24] JOHNSON; SCHOLES e WHITTINGTON, op. cit., 2011.

Estrutura Funcional

À medida que a empresa se expande, a informalidade dos seus processos de gestão e controle e a excessiva centralização de atividades por parte do principal dirigente começam a gerar dificuldades administrativas. Assim, diante do desafio de estruturar a empresa de uma forma apropriada ao seu processo de evolução, é comum que a estrutura simples seja substituída pela funcional.

A estrutura funcional tem como fundamento as áreas funcionais da empresa, tais como marketing, produção/operações, logística/materiais, recursos humanos e finanças. Desse modo, ao adotar esse tipo de estrutura, a empresa passará a contar com o apoio de gerentes especializados nestas diferentes funções. A Figura 9.2, a seguir, apresenta um exemplo de estrutura funcional.

```
                    PROPRIETÁRIO
                     GERENTE
    ┌───────────┬──────────┬──────────┬──────────┬───────────┐
DEPARTAMENTO DEPARTAMENTO DEPARTAMENTO DEPARTAMENTO DE DEPARTAMENTO
 COMERCIAL   DE PRODUÇÃO  DE MATERIAIS   RECURSOS    FINANCEIRO
                                         HUMANOS
```

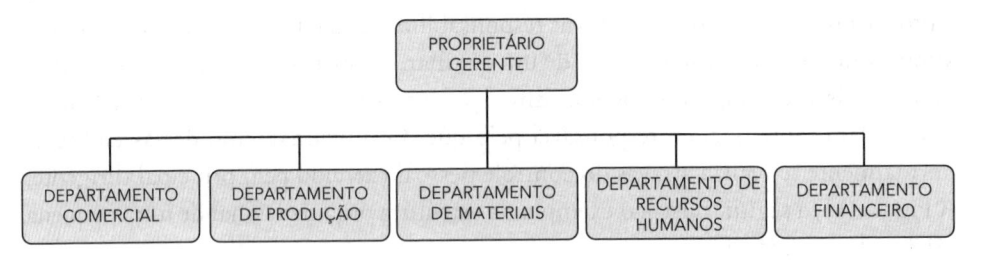

Figura 9.2: Estrutura funcional
Fonte: o autor

Estrutura Multidivisional e Estrutura Matricial

Além das estruturas simples e funcional, à medida que as empresas crescem e se tornam mais complexas, é comum que elas passem a utilizar a estrutura organizacional multidivisional ou a matricial, dependendo do contexto.

A estrutura multidivisional é formada por várias unidades relativamente autônomas, subordinadas a uma administração central. Cada dessas unidades pode ter por base determinadas linhas de produto, tais como divisão de automóveis, divisão de motocicletas, entre outras, ou áreas geográficas, tais como divisão sul, divisão norte etc.

Quanto à estrutura matricial, ela integra as necessidades funcionais com a de projetos. Neste tipo de estrutura, os dirigentes funcionais permanecem fixos em suas posições, enquanto os gerentes de projetos podem ser modificados, dependendo do que está sendo executado.

Como o foco desta obra são as pequenas empresas, as estruturas multidivisional e matricial não serão discutidas, uma vez que são típicas de grandes empresas.[25]

Departamentalização

Enquanto a definição da estrutura organizacional trata de aspectos organizacionais mais amplos, incluindo tanto a diferenciação vertical e horizontal como a integração entre seus diversos componentes, a departamentalização se refere aos critérios utilizados para se realizar a diferenciação horizontal.

Sobre esse tema, Sobral e Peci[26] comentam que o processo de diferenciação horizontal, ou departamentalização, consiste em agrupar e integrar, com base em critérios racionais, tarefas, atividades e funcionários em unidades organizacionais (departamentos) com a finalidade de obter uma melhor coordenação das atividades.

Assim, o departamento se refere a uma unidade de trabalho que agrega um conjunto de tarefas semelhantes ou coerentes entre si, sob a direção de um gestor.

Entre os critérios mais utilizados[27] para este fim, se encontram:

a. Funcional
b. Por produto
c. Por cliente
d. Por processo
e. Por regiões
f. Por projeto

Departamentalização Funcional

A departamentalização funcional utiliza como critério para realizar a diferenciação horizontal as funções básicas das empresas definidas por Fayol[28], em 1916, originalmente como função técnica, função comercial, função financeira, função contábil, função segurança. Atualmente, essas funções normalmente são definidas como

---

[25] Sobre estrutura organizacional (simples, funcional, multidivisional e matricial), ver: ANDRADE, op. cit., 2018.
[26] SOBRAL; PECI, op. cit., 2013, p. 260.
[27] Ver: KAST; ROSENZWEIG, op. cit., 1994, STONER; FREEMAN, op. cit., 1995 e ROBBINS, Stephen P. **Administração**: Mudanças e perspectivas, São Paulo: Saraiva, 2000.
[28] FAYOL, Henri. **Administração Industrial e Geral**, São Paulo: Atlas, 1984 (primeira edição em inglês: 1916).

marketing, produção, materiais, finanças, recursos humanos, entre outras, reunindo especializações e atividades similares em uma mesma unidade.

A Figura 9.3, a seguir, ilustra a departamentalização funcional:

```
                              DIRETOR
    ┌──────────────┬──────────────┼──────────────┬──────────────┐
DEPARTAMENTO  DEPARTAMENTO  DEPARTAMENTO  DEPARTAMENTO  DEPARTAMENTO
DE MARKETING  DE PRODUÇÃO   DE MATERIAIS  DE RECURSOS   DE FINANÇAS
                                          HUMANOS
```

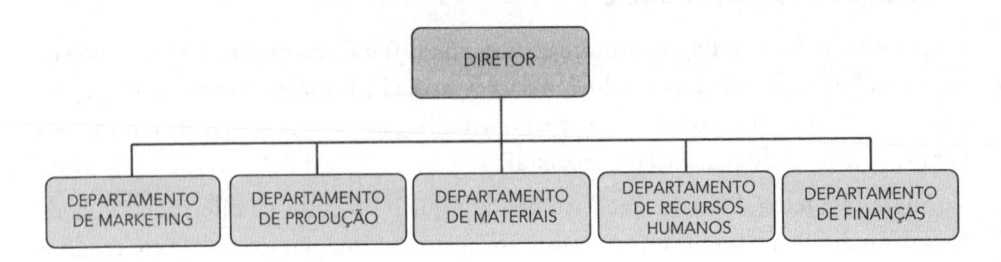

Figura 9.3: Departamentalização funcional
Fonte: o autor

Departamentalização por Produto

Este tipo de departamentalização utiliza os produtos que a empresa produz e/ou comercializa como base para agrupar as atividades; por exemplo, o departamento de vendas de uma loja pode ser subdividido dessa forma, tal como ilustra a Figura 9.4, a seguir:

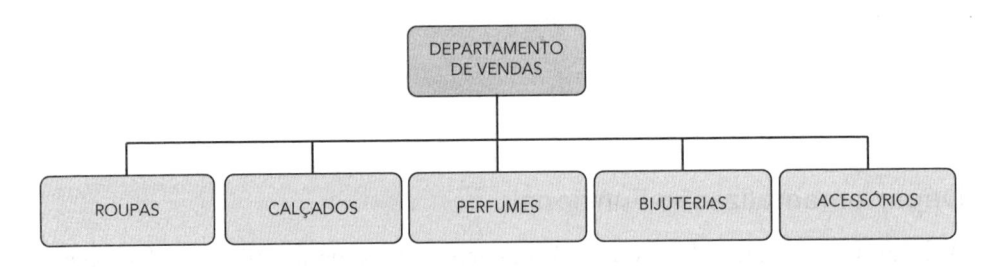

```
                        DEPARTAMENTO
                         DE VENDAS
    ┌──────────┬──────────┼──────────┬──────────┐
  ROUPAS   CALÇADOS   PERFUMES   BIJUTERIAS  ACESSÓRIOS
```

Figura 9.4: Departamentalização por produto
Fonte: o autor

Departamentalização por Cliente

Neste tipo de departamentalização, a empresa utiliza os próprios clientes e/ou usuários, os quais objetiva satisfazer, como base para sua divisão em setores. Esse critério é utilizado principalmente quando os distintos grupos de clientes demandam formas diferenciadas de atendimento. Assim, uma empresa pode utilizar distintas unidades para vender no atacado e no varejo, ou para proporcionar um atendimento especializado a clientes do sexo masculino, feminino ou infantil, tal como ilustra a Figura 9.5.

```
                    DEPARTAMENTO
                      DE VENDAS
                           |
        ┌──────────────────┼──────────────────┐
    MASCULINO           FEMININO           INFANTIL
```

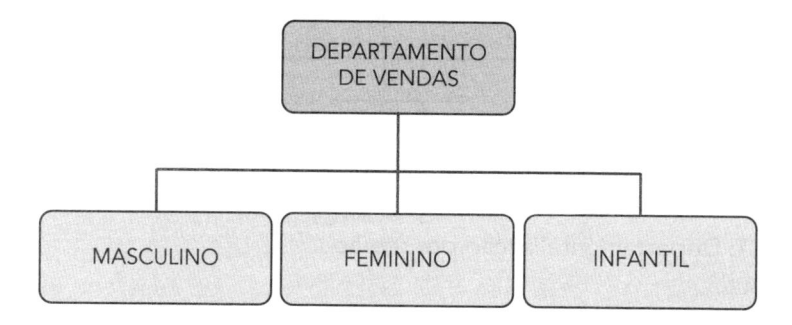

Figura 9.5: Departamentalização por cliente
Fonte: o autor

Departamentalização por Processo

A departamentalização por processo, geralmente utilizada no nível operacional de empresas fabris, tem nas etapas do processo produtivo as bases para criar as diferentes unidades, ou departamentos, tal como ilustra a Figura 9.6:

```
                    DEPARTAMENTO
                     DE PRODUÇÃO
                           |
    ┌──────────┬───────────┼───────────┬──────────┐
  FIAÇÃO   MALHARIA   BENEFICIAMENTO   CORTE    COSTURA
```

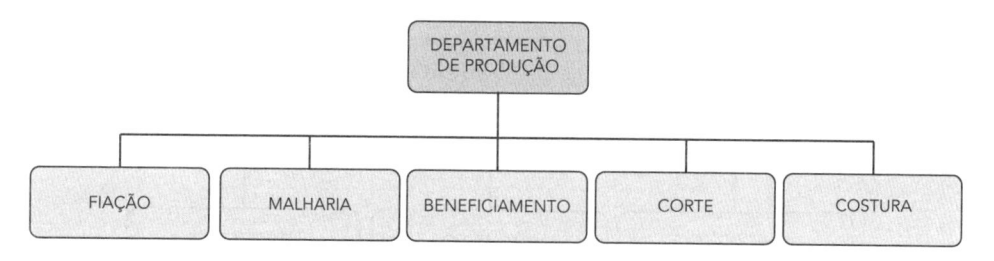

Figura 9.6: Departamentalização por processo
Fonte: o autor

Departamentalização por Região

Na departamentalização por região, o critério utilizado para criar as diferentes unidades é o próprio espaço geográfico onde a empresa atua. As grandes empresas geralmente o fazem para facilitar o controle das diversas unidades de negócio dispersas em diferentes regiões, enquanto as menores podem utilizar o mesmo critério para definir as diferentes regiões, ou zoneamentos de vendas, tal como ilustra a Figura 9.7:

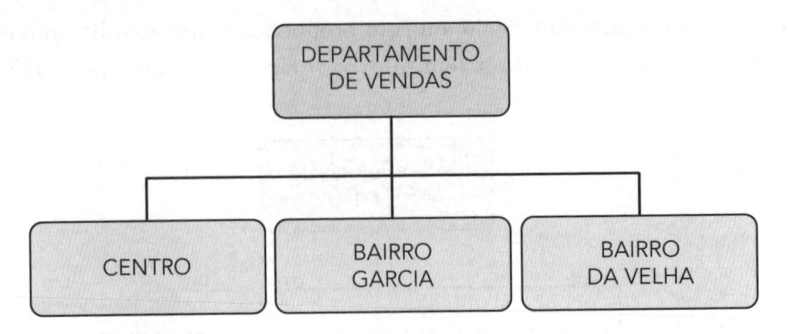

```
                    ┌──────────────────┐
                    │  DEPARTAMENTO    │
                    │    DE VENDAS     │
                    └──────────────────┘
                             │
         ┌───────────────────┼───────────────────┐
   ┌───────────┐      ┌─────────────┐      ┌─────────────┐
   │  CENTRO   │      │   BAIRRO    │      │   BAIRRO    │
   │           │      │   GARCIA    │      │  DA VELHA   │
   └───────────┘      └─────────────┘      └─────────────┘
```

Figura 9.7: Departamentalização por região
Fonte: o autor

Departamentalização por Projetos

A departamentalização por projetos pode ser utilizada para subdividir as atividades em um departamento específico. Por exemplo, uma empresa que produz equipamentos industriais sob encomenda poderá ter o seu departamento de produção organizado sob a forma de projetos. Assim, cada um dos líderes de equipe gerencia um grupo de empregados responsável pela elaboração do produto encomendado, tal como ilustra a Figura 9.8:

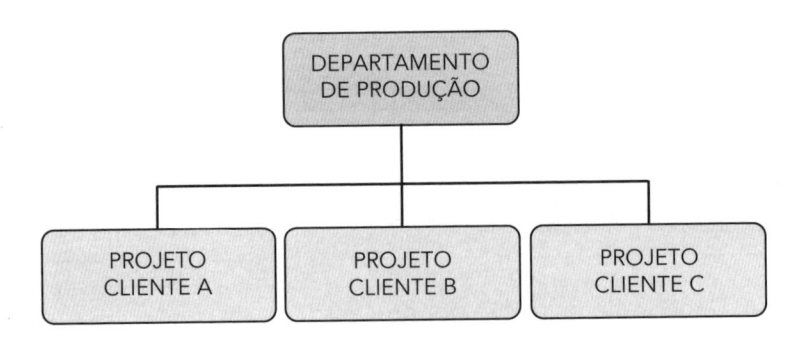

```
                    ┌──────────────────┐
                    │  DEPARTAMENTO    │
                    │   DE PRODUÇÃO    │
                    └──────────────────┘
                             │
         ┌───────────────────┼───────────────────┐
   ┌─────────────┐    ┌─────────────┐     ┌─────────────┐
   │   PROJETO   │    │   PROJETO   │     │   PROJETO   │
   │  CLIENTE A  │    │  CLIENTE B  │     │  CLIENTE C  │
   └─────────────┘    └─────────────┘     └─────────────┘
```

Figura 9.8: Departamentalização por projeto
Fonte: o autor

Considerações Finais

Com a instituição do planejamento estratégico, os dirigentes das pequenas empresas poderão desempenhar mais facilmente as suas tarefas de tomada de decisão e de condução da empresa rumo ao futuro desejado.

Nesse sentido, o conteúdo deste livro foi idealizado para servir de guia às ações empresariais, apresentando uma abordagem essencialmente prática e coerente com a realidade das pequenas empresas.

Para que o processo de planejamento estratégico possa vir a ser implementado com eficácia e efetividade, entretanto, é necessário que os dirigentes da empresa estejam dispostos a lidar com a mudança, com a revisão e com o reexame.

Na medida em que se leva a cabo cada uma das etapas que constituem o processo de planejamento estratégico, vão se esclarecendo quais são as mudanças e as ações que se farão necessárias.

Assim sendo, a necessidade de revisão nos atuais padrões de racionalidade administrativa e a habilidade para adaptar o quadro habitual de operações às mudanças impostas pelas pressões ambientais constituem um desafio aos dirigentes das pequenas empresas.

Para que se possa implementar o processo de planejamento estratégico é necessário, acima de tudo, que os dirigentes da empresa, assim como os demais participantes do processo, estejam entusiasmados e dispostos a fomentar aptidões.

É importante ressaltar que não existe a pretensão de afirmar que este livro venha a se caracterizar como a "palavra final" em termos de planejamento estratégico para as pequenas empresas. Por conseguinte, solicita-se que ele seja visto como uma contribuição útil para o delineamento e o alcance do futuro esperado para a empresa.

Posfácio

O desenvolvimento de um projeto econômico de longo prazo requer um cuidadoso planejamento a fim de definir os meios, as formas e o horizonte temporal de implementação destes ao ecossistema de uma organização. No caso específico das pequenas e médias empresas (PMEs), o planejamento é feito através de determinadas etapas, alinhadas e sintonizadas com o *modus operandi* dessa categoria de organização econômica.

Entretanto, antes de o planejamento estratégico ser posto em prática, existem diversas perguntas que precisam ser respondidas. Por exemplo: Quem serão os atores envolvidos nesse processo de planejamento? Quais serão os recursos disponíveis e como obtê-los? Qual é o prazo de implementação do planejamento? Quais são as prioridades? Essas e outras questões relevantes encontram abrigo neste trabalho, que trata prioritariamente do planejamento estratégico voltado para as PMEs.

O desenvolvimento do planejamento estratégico busca consolidar a visão projetada para a empresa, considerando um período de longo prazo. A definição do contexto, a organização hierárquica, os valores relacionados ao projeto e à missão, exigem a participação de todos os colaboradores e líderes da organização.

Ao analisar esta obra, verifica-se que o autor teve o cuidado de identificar como são estabelecidas as prioridades, os objetivos e as estratégias. Ele torna evidente que as prioridades só poderão ser definidas com eficácia e eficiência, quando todos os níveis gerenciais e seus subalternos estiverem comprometidos com o processo de planejamento. Por outro lado, os objetivos deverão ser estabelecidos em termos que possam ser alcançáveis e mensuráveis, enquanto as estratégias de ação devem revelar as formas concretas de alcançar os objetivos anteriormente propostos.

Nas grandes empresas, o processo de planejamento é uma prerrogativa conduzida pelo Conselho de Administração, o qual geralmente inexiste nas PMEs. Nestas, o líder nem sempre tem o treinamento adequado para aplicar técnicas e procedimentos gerenciais necessários a uma tarefa de tal complexidade. Assim, este livro procura oferecer os elementos e os meios que tornam a dimensão das PMEs apta ao uso do planejamento estratégico com grandes possibilidades de êxito.

Como foi visto ao longo dos capítulos que compõem esta obra, a observação das etapas é fundamental para a superação de eventuais obstáculos que surgem quando se propõe implementar o planejamento estratégico na pequena empresa.

Sintetizando, é prazeroso afirmar que o livro do Professor Dr. Arnaldo Rosa de Andrade está didaticamente organizado, propondo, de forma impecável, uma abordagem ao planejamento estratégico das PMEs em que as principais dificuldades são gradativamente reduzidas, tornando o planejamento uma oportunidade para ações flexíveis e adaptáveis às mudanças que ocorrem no ambiente de inserção das pequenas organizações.

— Prof. Dr. José de Jesus Previdelli
Atual diretor da PUCPR câmpus Maringá.
Foi também vice-reitor da Universidade Estadual de Maringá.

APÊNDICE

Planejamento Estratégico — CBR Balanças

**PLANEJAMENTO ESTRATÉGICO
CBR BALANÇAS**

Administrador Dr. Arnaldo Rosa de Andrade

Blumenau, dezembro de 2015

Sumário

Caracterização da Empresa	**143**
Histórico	143
Estrutura Organizacional	144
Descrição das Principais Atividades da CBR	**144**
Compras	144
Controle de Estoque	145
Vendas	145
Marketing	146
Recursos Humanos	146
Finanças	146
Planejamento Estratégico	**146**
Negócio, Missão e Visão Estratégica	146
Análise Interna	147
Pontos Fortes	147
Pontos Fracos	149
Análise Externa	155
Oportunidades	155
Ameaças	156
Posicionamento Estratégico da CBR	160
Objetivos Estratégicos	161
Planos de Ação	161

Caracterização da Empresa

Histórico

A CBR Comércio de Balanças Ltda. iniciou suas atividades em 1992 com o nome de Balanças Columbia. Sua principal atividade era a assistência técnica e a venda de balanças eletrônicas.

Após 13 anos de mercado, os seus proprietários resolveram encerrar a empresa. Nessa ocasião, um dos funcionários comprou o imobilizado, o estoque e a carteira de clientes.

Em janeiro de 2005, iniciaram-se novamente as atividades da empresa com uma nova razão social (CBR balanças). Os clientes da antiga Balanças Columbia acompanharam a nova empresa, que em pouco tempo sentiu a necessidade de aumentar a sua estrutura e ampliar os investimentos. Como muitos clientes ainda se referiam à empresa como Balanças Columbia, em janeiro de 2010 se iniciou uma campanha de marketing com a finalidade de fixar a marca CBR Balanças.

Atualmente, a empresa possui cinco empregados comercializando balanças eletrônicas e mecânicas dentro de sua capacidade concedida pelo Inmetro e oferecendo serviços de conserto e ajustes de balanças das classes I, II e III até a capacidade de 5.000kg (capacidade e permissão concedida pelo Inmetro/SC).

O mercado atendido pela CBR inclui empresas de porte médio, localizadas no Vale do Itajaí (Santa Catarina), de diversos segmentos, sendo o mais representativo o têxtil, devido às características da região. Atualmente, são aproximadamente 1.700 clientes ativos.

Estrutura Organizacional

CBR BALANÇAS – ORGANOGRAMA

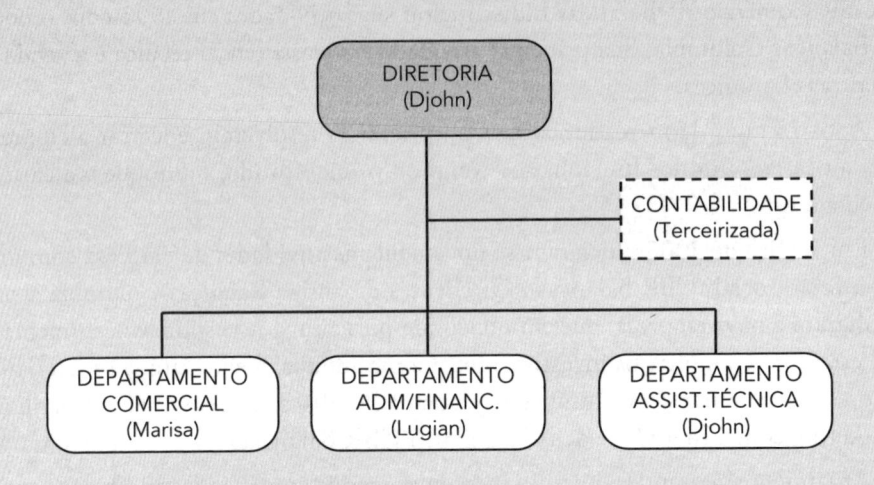

```
                    DIRETORIA
                     (Djohn)
                        |
                        |---------------- CONTABILIDADE
                        |                  (Terceirizada)
         _____|_____
        |               |               |
   DEPARTAMENTO    DEPARTAMENTO    DEPARTAMENTO
    COMERCIAL      ADM/FINANC.    ASSIST.TÉCNICA
     (Marisa)        (Lugian)         (Djohn)
```

A CBR Comércio de Balanças, por ter um número reduzido de empregados, não possui uma estrutura organizacional formalmente definida. As atividades relativas ao Departamento Comercial (compras e vendas) são executadas por Marisa. Já as atividades do Departamento Administrativo/Financeiro ficam sob a responsabilidade de Lugian. Quanto ao Sr. Djohn, além da Diretoria, acumula também a supervisão do Departamento de Assistência Técnica, estando a maior parte das atividades operacionais nesse setor a cargo de dois funcionários e, também, do Sr. Djohn, que eventualmente exerce atividades operacionais na área técnica.

Descrição das Principais Atividades da CBR

A empresa não apresenta uma divisão de trabalho formalmente realizada, entretanto, com a finalidade de proporcionar uma visão geral a respeito do funcionamento da CBR, apresenta-se a seguir uma breve descrição a respeito de como esta desenvolve as suas principais atividades.

Compras

As compras realizadas pela CBR incluem equipamentos (balanças para revenda), peças de reposição, material de expediente e outros itens eventualmente necessários.

No que diz respeito aos equipamentos, a CBR procura manter um estoque mínimo para vendas com pronta entrega. Entretanto a maior parte das compras, neste caso, é programada em função das encomendas realizadas pelos clientes. Quanto às peças de reposição, a programação de compras é realizada de acordo com o volume de vendas de serviços de conserto, de manutenção ou de assistência técnica oferecidos pela empresa.

Nos dois casos, a negociação com os fornecedores é realizada pelo Sr. Djohn, enquanto os aspectos burocráticos e operacionais, tais como remessa da ordem de compra, realização de cotação de frete, acompanhamento da chegada das encomendas, entre outros, são efetivados pela funcionária responsável pelo Departamento Comercial.

Quanto aos materiais de expediente, assim como outros itens eventuais, é feita uma breve pesquisa por telefone com os fornecedores locais para a efetivação das compras.

Embora a empresa trabalhe com ordem de compra, não existe um sistema de controle adequado sobre as compras realizadas. O Sr. Djohn muitas vezes não repassa todas as informações das negociações realizadas, causando desencontro de informações com a responsável pelo Departamento Comercial – esse fato faz com que não haja um acompanhamento eficiente das compras realizadas.

Controle de Estoque

O controle de estoque dos equipamentos é realizado informalmente. À medida que são realizadas as vendas, a responsável pelo Departamento Comercial faz o controle visual do estoque e comunica ao diretor da empresa a necessidade de compra.

No que se refere às peças de reposição, a empresa realiza o controle através do registro entrada e saída em uma planilha Excel, procurando sempre manter um estoque com peças de várias marcas, com a finalidade de agilizar o processo de manutenção/conserto de equipamentos. Os demais itens, como material de expediente, também são controlados visualmente.

Vendas

A CBR não trabalha com prospecção de vendas. Geralmente, são os clientes que tomam a iniciativa de procurar a empresa para realizar compra de equipamentos e/ou para solicitar serviços de conserto, manutenção ou assistência técnica.

As rotinas relacionadas aos procedimentos necessários para as vendas são predominantemente informais e desorganizadas. Os principais procedimentos necessários para a execução do orçamento de vendas são conhecidos unicamente pelo principal dirigente da empresa, o que gera ineficiência e desorganização dessa atividade.

Marketing

A CBR não possui um plano de marketing formalmente definido. Além de um trabalho de posicionamento no site do Google, no qual o nome da empresa aparece em primeiro lugar nas buscas por balanças, não existe qualquer estratégia formalizada.

Trata-se de uma empresa voltada para vendas que costuma confiar no popular boca a boca como estratégia de vendas.

Recursos Humanos

A CBR, devido ao seu pequeno porte, não possui um setor específico para as atividades relacionadas à administração de recursos humanos. Desse modo, os aspectos burocráticos legais, tais como contrato de trabalho, elaboração da folha de pagamento, admissões, demissões, férias e assim por diante, são realizados por uma empresa terceirizada.

O recrutamento de pessoal é feito através da divulgação feita pelos funcionários, ou pelo próprio dono da empresa, que geralmente se encarrega de buscar algum candidato para a vaga existente. Quanto à seleção, resume-se a uma entrevista informal conduzida pelo principal dirigente da empresa.

Finanças

As atividades relacionadas à área financeira da CBR incluem os controles de contas a pagar, contas a receber, emissão de notas fiscais e controle bancário.

A operacionalização e o controle dessas atividades são realizados através da utilização de uma planilha em Excel, na qual a responsável pelo Departamento Administrativo/Financeiro faz todos os lançamentos para que o proprietário da empresa possa realizar a supervisão direta.

Planejamento Estratégico

Negócio, Missão e Visão Estratégica

Negócio	Soluções em pesagem.
Missão	Oferecer soluções diferenciadas e com a máxima precisão em sistemas de pesagem.
Visão estratégica	Ser a empresa de referência em sistemas de pesagem no Vale do Itajaí.

Análise Interna

A análise interna trata de diagnosticar os pontos fortes e os pontos fracos da empresa. Desse modo, a principal finalidade da análise interna é identificar as possíveis fontes de diferenciação e de vantagens competitivas que a CBR Balanças possa explorar, assim como os pontos em que ela deve melhorar.

Pontos fortes	Os pontos fortes se referem aos fatores positivos (internos) que podem ser utilizados como fonte de diferenciação e de vantagem competitiva. Tais fatores, geralmente, põem a empresa em uma situação privilegiada quando comparada com a concorrência.
Pontos fracos	Quanto aos pontos fracos, se referem aos fatores negativos que atuam como inibidores da capacidade da empresa para atender às suas finalidades.

Pontos Fortes

1°. **Logística:** A CBR apresenta uma mobilidade superior à da concorrência:

   a. O fato de que a empresa possui uma empilhadeira com capacidade para erguer até 1.000kg permite uma maior agilidade no atendimento aos clientes. Os concorrentes, por não disporem desse item, têm maior dificuldade para efetuar a manutenção de equipamentos mais pesados.

   b. Os veículos automotores pertencentes à empresa são apropriados para a função que devem desempenhar. Esse fato facilita a movimentação e o acesso mais eficiente do que os concorrentes, uma vez que a maioria deles utiliza veículos de passeio, muito pequenos e inadequados para esse fim.

   c. A CBR mantém um estoque de peças de várias marcas, o que agiliza o processo de manutenção. A concorrência, em geral, mantém um estoque reduzido de peças, sendo obrigada a esperar quando necessita de alguma.

2°. **Capacidade de atendimento superior à média da concorrência:**

   a. A empresa possui seus pesos-padrão rastreados pelo RBC (instituto de certificação de calibração de pesos). Isso possibilita a CBR atender às empresas que necessitam de garantias de qualidade, e a destaca em ralação a quase todos os concorrentes – apenas um concorrente apresenta vantagem sobre a CBR: a Balantec possui um laboratório de calibração e certificação de seus processos.

b. A CBR possui credencial do Inmetro (Instituto Nacional de Metrologia, Qualidade e Tecnologia) para aferição em balanças de classe I, II, e III (até 5.000kg), podendo, dessa forma, prestar serviços de manutenção em balanças de maior porte do que seus concorrentes diretos.

c. Por ser assistência técnica autorizada de vários fabricantes de balanças, a CBR dispõe de acesso a manuais e suporte técnico de diversas marcas. Os concorrentes que não são autorizados não podem se utilizar desse suporte direto dos fornecedores.

d. O sistema operacional utilizado pela CBR possui uma grande funcionalidade para acompanhamento do histórico de ordens de serviço e para consulta histórica de serviços realizados nos equipamentos de clientes. Esse fato permite à CBR uma possibilidade de prestar atendimento melhor do que a média da concorrência.

3°. **Vantagem da localização:** A empresa está situada em uma rua de fácil localização, com grande fluxo de veículos, possui uma fachada bem sinalizada, com estacionamento próprio, o que é fundamental para as vendas de balanças de pequeno porte, muito comuns. Os concorrentes locais não estão bem localizados e não possuem estacionamento, dificultando as vendas.

4°. **Facilidade para a fidelização clientes:** A fidelização de clientes é facilitada através da realização de contratos de manutenção preventiva/corretiva pela CBR, que obtém dessa forma uma receita mensal garantida, e também facilita o estabelecimento da ordem de atendimento, já que os clientes com contrato são sempre priorizados.

5°. **Facilidade para ser encontrada por novos clientes de diferentes regiões:** Foi realizado um trabalho de posicionamento no site de buscas Google, colocando a empresa sempre em primeiro lugar nas buscas por balanças. Esse trabalho proporciona um grande retorno para a empresa, especialmente nas vendas, possibilitando o atendimento a clientes a distâncias que impossibilitariam o acesso à empresa por outros meios.

6°. **Know-how do proprietário:**

a. A experiência do sócio responsável pela área técnica da CBR proporciona à empresa a preferência dos fabricantes na indicação para atendimento aos clientes que entram em contato com eles. Muitas vezes, mesmo quando há outra assistência técnica autorizada mais próxima, o fabricante acaba indicando a CBR por acreditar que o problema do cliente somente poderá ser resolvido pelo know-how do proprietário da empresa.

b. Nessa mesma linha de raciocínio, a curva de experiência dos proprietários da CBR proporciona vantagem em relação a seus concorrentes, pelo conhecimento adquirido do mercado de balanças, especialmente na área industrial;

c. Além da vantagem decorrente do conhecimento técnico, destaca-se também a *expertise* no segmento em que atua e a rede de relacionamentos constituída com clientes da região.

7°. **Capacidade única para prestar serviços diferenciados:**

a. O conhecimento técnico e a estrutura da CBR para atendimento a equipamentos de precisão constituem um importante diferencial da empresa.

b. A CBR possui gabaritos para a execução de serviços em balanças de precisão. Considerando o fato de que esses gabaritos já não são mais fornecidos pelos fabricantes, esse tipo de atendimento constitui uma exclusividade da CBR, uma vez que a concorrência é obrigada a enviar as balanças para manutenção na própria fábrica.

c. O fato de que CBR possui credencial do Inmetro para balanças de precisão faz com que a empresa preste serviços inclusive para concorrentes dessa área.

Pontos Fracos

1°. **Políticas de vendas e cobrança inadequada:** A empresa realiza vendas com um prazo médio de recebimento superior ao de pagamento:

a. A CBR realiza as vendas a prazo para os clientes.

b. A diferença entre o prazo concedido aos clientes em relação ao prazo de pagamento ao fornecedor é de apenas dois dias.

c. Quando os equipamentos remetidos pelo fornecedor chegam à CBR, os procedimentos burocráticos necessários para a sua remessa aos clientes demoram mais que os dois dias de prazo para a efetuação do pagamento ao fornecedor.

d. A demora no processamento dos aspectos burocráticos das vendas geralmente resulta em atraso na entrega dos equipamentos aos clientes.

e. Como consequência do atraso na entrega dos equipamentos aos clientes, a CBR recebe os pagamentos também em atraso.

f. O que agrava ainda mais essa situação é o fato de que o Sr. Djohn costuma aceitar o recebimento com um prazo maior quando o cliente solicita (com isso, a diferença entre o prazo de pagamento do fornecedor e o de recebimento do cliente fica ainda maior).

Resultado: A CBR paga antes para receber depois.

2º. Ineficiência operacional na execução do processo de vendas:

a. Os orçamentos de vendas são gerados apenas através de telefonemas e/ou e-mail remetidos pelos clientes que demonstram interesse pela compra de equipamentos:

– *Não há prospecção de vendas.*

b. Geralmente, os clientes telefonam para negociar e depois remetem um e-mail para confirmar o pedido, entretanto muitos ficam sem respostas (na primeira semana de junho, por exemplo, quatro clientes ficaram sem resposta).

c. Alguns orçamentos remetidos pelos clientes são analisados e devolvidos como proposta, porém não há acompanhamento e/ou fechamento *das vendas:*

– *No período compreendido entre 01 e 31 de maio, 62 clientes entraram em contato via e-mail ou telefone, 40 orçamentos foram remetidos e 8 vendas foram realizadas (12,9% sobre os contatos dos clientes).*

d. Além de não responder às solicitações remetidas pelos clientes, a CBR continua recebendo e acumulando mais orçamentos de vendas, que provavelmente ficarão sem resposta.

e. Os procedimentos necessários para a execução do processo de orçamento de vendas são conhecidos unicamente pelo principal dirigente da empresa (Djohn), o que contribui ainda mais para o agravamento do problema relacionado a não resposta aos clientes.

– *Histórico* de orçamentos remetidos para os clientes, mas que ficaram sem acompanhamento (manifestação de interesse de compra) e sem resposta:

Janeiro: 30   Fevereiro: 26   Março: 24   Abril: 17

3°. **Deficiências no sistema operacional da empresa:** O atual sistema operacional da empresa apresenta falhas relacionadas ao acompanhamento do *workflow* de sua OS e geração de relatórios financeiros:

  a. O fluxo de trabalho interno das ordens de serviço é sinalizado fisicamente na área de assistência técnica por um sistema de *Kanban*, utilizando cores. No entanto não é possível saber através do sistema os detalhes da situação do equipamento para informar aos clientes, sendo necessária a interrupção do trabalho dos técnicos para obter a informação.

  b. As constantes interrupções no trabalho dos técnicos para a obtenção de informações provocam deficiência no estabelecimento de prioridade de atendimento, já que não se consegue vincular a abertura das OS com a data em que o cliente aprovou a execução do serviço.

  c. Como consequência da impossibilidade de lançamentos completos no sistema, ocorre a falta de informações sobre as finanças da empresa – são feitos apenas controles em planilhas de Excel das contas a pagar e a receber, impossibilitando visões de médio e longo prazos das finanças.

  d. Em decorrência desses problemas e das atuais políticas de vendas e cobranças anteriormente citadas, a CBR trabalha com um ciclo financeiro muito longo, pagando suas contas antes de receber.

4°. **Centralização de atividades e de informações no principal dirigente da empresa:**

  a. O principal dirigente da empresa (Djohn) acumula grande quantidade de atividades burocráticas, ficando sem tempo para se dedicar às questões estratégicas da empresa.

  b. Além de acumular a maior parte das atividades burocráticas, o Sr. Djohn desenvolve os processos de gestão e controle de maneira informal, e de uma forma que apenas ele é capaz de entender.

  c. Por fim, as exigências legais, tais como a auditoria anual do Inmetro e a necessidade de prestar conta mensalmente, além de serem onerosas, exigem um grande dispêndio de tempo por parte dos proprietários da empresa.

5°. **Informalidade nos processos de gestão e controle:**

  a. Como consequência da excessiva centralização das atividades na figura do principal dirigente da empresa e da maneira como são conduzidos os processos de gestão e controle, a empresa se caracteriza como excessivamente informal.

b. A informalidade que predomina na empresa tende a gerar a desorganização de suas atividades, além de diminuir sua capacidade de resposta aos clientes.

6°. **Reduzida capacidade de resposta aos clientes:**

a. A reduzida capacidade de resposta aos clientes resulta de uma série de fatores, tais como:
- A excessiva centralização das atividades na figura do principal dirigente da empresa.
- A informalidade nos processos de gestão e controle.
- A lentidão dos procedimentos burocráticos necessários para a remessa dos equipamentos aos clientes.
- A demora no processamento dos aspectos burocráticos das atividades de vendas.
- A aceitação de novos orçamentos de vendas acima da capacidade da empresa.
- Com a diminuição da capacidade de resposta aos clientes, a CBR está gerando facilidades para a concorrência.

7°. **Incapacidade de suprir a demanda por serviços/assistência técnica e vendas:** Em função da reduzida capacidade de resposta aos clientes e dos demais pontos fracos anteriormente citados, a CBR não consegue suprir a demanda por serviços de assistência técnica ou vendas, o que pode gerar insatisfação/perda de clientes.

8°. **Irregularidade no faturamento com vendas:** Em função do não acompanhamento dos orçamentos de vendas efetuados, o faturamento de vendas é muito irregular.

9°. **Ineficiência no sistema de compras:** Não existe um acompanhamento adequado das compras realizadas.

10°. **Preço praticado pela CBR é maior do que a média da concorrência:** Ver ameaça de atuação de pequenos concorrentes.

11°. **Formação de preços ineficiente:**

   a. A formação de preços atualmente praticada pela empresa não tem critérios definidos – há muitas dificuldades para o cálculo dos custos dos produtos e serviços e também para a determinação da margem de contribuição dos produtos, dificultando as decisões sobre quais marcas vender e que valor cobrar nas peças, entre outras.

   b. A grande variação no tempo de execução das manutenções impede a verificação de um custo-padrão que sirva de base para a formação de preços/cobrança por hora técnica.

12°. **Inexistência de programas de treinamento:** A empresa não possui qualquer programa de treinamento para novos colaboradores, nem programas de reciclagem para colaboradores antigos. Existe a possibilidade de enviar funcionários para treinamento nos fabricantes, entretanto a reduzida quantidade de funcionários ocasiona dificuldades para programar essas atividades.

13°. **Dificuldades com o contrato de aluguel:**

   a. A empresa encontra-se em um imóvel alugado, e o relacionamento com o proprietário não tem sido amigável. As manutenções importantes no imóvel são sempre executadas com dificuldade.

   b. Os herdeiros do proprietário, que já é bastante idoso, não têm demonstrado interesse em manter o aluguel após o seu falecimento. Com isso, a empresa será obrigada a se mudar para outro espaço – e a CBR certamente terá que pagar um aluguel significativamente maior do que o atual, ou terá que abrir mão de um ponto forte, que é a vantagem da localização.

Quadro A-01: Resumo dos Principais Pontos Fortes e Pontos Fracos

Pontos Fortes	Pontos Fracos
1. Logística/mobilidade superior à da concorrência.	1. Políticas inadequadas de vendas e cobrança.
2. Capacidade de atendimento superior à média da concorrência.	2. Ineficiência operacional na execução do processo de vendas.
3. Vantagem da localização: os concorrentes locais não estão bem localizados e não possuem estacionamento, dificultando as vendas.	3. Deficiências no sistema operacional da empresa.
4. Facilidade para a fidelização de clientes.	4. Centralização de atividades e de informações pelo principal dirigente da empresa.
5. Facilidade para ser encontrada por novos clientes de diferentes regiões.	5. Informalidade nos processos de gestão e controle.
6. Know-how do proprietário.	6. Capacidade reduzida de resposta aos clientes.
7. Capacidade única para prestar serviços diferenciados.	7. Incapacidade de suprir a demanda por serviços/assistência técnica e vendas.
	8. Irregularidade no faturamento com vendas.
	9. Ineficiência no sistema de compras.
	10. Preço praticado pela CBR é maior do que a média da concorrência.
	11. Formação de preços ineficiente.
	12. Inexistência de programas de treinamento.
	13. Dificuldades com o contrato de aluguel.

Análise Externa

A análise externa trata da identificação de oportunidades e ameaças que possibilitem o desenvolvimento de estratégias de ação com a finalidade de precaver-se contra as ameaças antes que elas se tornem problemas, e tirar o máximo possível de proveito das oportunidades oferecidas pelo ambiente externo.

Oportunidades	As oportunidades são as diversas situações e ocorrências externas das quais a empresa poderá tirar proveito.
Ameaças	Referem-se às situações e ocorrências externas que dificultam, ou poderão vir a dificultar, o desenvolvimento de estratégias e o alcance dos objetivos da empresa.

Oportunidades

1°. **Amplitude do mercado/facilidades para ampliar a carteira de clientes:**

   a. A amplitude do mercado (para vendas e assistência técnica) permitiria à CBR uma grande ampliação do volume de vendas (a CBR é frequentemente procurada por clientes potenciais de diferentes regiões do país) – o aproveitamento desta oportunidade, entretanto, é dificultado pela atual ineficiência operacional da empresa e pela reduzida capacidade de resposta aos clientes.

   b. As possibilidades de ampliação da carteira de clientes são geradas por compradores de empresas industriais que mudam de emprego. Como já conhecem a CBR, facilitam a sua entrada em novos clientes.

2°. **Barreiras para a entrada de novos concorrentes:** A entrada no mercado de pesagem é dificultada pelos aspectos burocráticos. São necessários pelo menos seis meses para o credenciamento no Inmetro, além da necessidade da aquisição de pesos, bastante cara, e de tempo muito longo para adquirir o conhecimento técnico necessário.

3°. **Parceria com o fornecedor líder do mercado** (Toledo): Parceria com a Toledo, que é a líder de mercado em pesagens e também a maior fabricante de balanças do país. Isso possibilita à CBR o acesso a descontos maiores que a concorrência, o que permite uma maior margem de lucro – além da Toledo, a CBR também possui parceria com outros fornecedores (neste caso, ainda que seja informal, ocorrem negociações atraentes para a empresa).

4°. **Referência em assistência técnica para fabricantes:** A CBR é reconhecida na região como a melhor assistência técnica. É referência também para os fabricantes, que a consideram a única a solucionar problemas mais complexos nos equipamentos.

Ameaças

1°. **Ameaça de ingresso de novos competidores:**

   a. ATM informática, empresa com uma equipe com cerca de 100 colaboradores inaugura sede própria em Blumenau.

   b. A ATM possui credenciamento do Inmetro para atuar na aferição de balanças de diversas marcas, entre elas, Filizola, Toledo e Urano.

   c. A ATM possui também laboratórios técnicos utilizados para aferição, programação e manutenção de equipamentos.

   d. Além da sede em Blumenau, a ATM mantém uma filial em Joinville e escritórios em Balneário Camboriú, Brusque, Chapecó, Criciúma, Florianópolis, Jaraguá do Sul, Lages e Rio do Sul.

   ■ A ATM vem apresentando um crescimento médio de 29% ao ano.

   e. Destaca-se também como ameaça de ingresso de novos concorrentes o fato de que revendas de outros estados estão buscando espaço na região, às vezes com preços inferiores aos praticados pela CBR.

   f. A concorrência de lojas virtuais, muitas vezes diretamente do fabricante, também tem causado dificuldades à empresa.

2°. **Atuação de pequenos concorrentes:** Muitos concorrentes são pequenas empresas que apresentam as seguintes vantagens sobre a CBR:

   a. Não trabalham com estoque, assim, oferecem as mesmas condições proporcionadas pelo fabricante (por exemplo, se o fabricante vende em três parcelas, essa mesma condição é repassada para os clientes).

   b. O fato de não possuir estoque faz com que esses concorrentes necessitem de menos capital de giro, o que lhes possibilita a venda com preço mais barato do que aquele praticado pela CBR.

   c. Para a CBR, o custo de manutenção do estoque faz com que o preço de venda praticado seja maior do que a média da concorrência.

3º. **Possibilidades de ser obrigada a desocupar o imóvel onde atualmente está localizada a empresa:**

   a. Com a desocupação do imóvel, a CBR perderia um de seus principais pontos fortes, que é a vantagem da localização.

   b. Além de perder a vantagem de localização, a necessidade de ter que buscar outro imóvel para se instalar gera outra ameaça – a intensa valorização do custo por metro quadrado dos imóveis da região.

4º. **Ameaça de perda de clientes para a concorrência em função da reduzida capacidade de resposta:** A atual ineficiência operacional da empresa e a reduzida capacidade de resposta geram insatisfação nos clientes, o que facilita a atuação da concorrência.

5º. **Mercado de recursos humanos em situação de escassez:** Falta de mão de obra especializada no mercado de recursos humanos da região tem gerado grandes dificuldades para a empresa, destacando-se:

   a. Dificuldade para contratar e para reter talentos e um *turnover* bastante elevado – quando a empresa consegue contratar algum profissional habilitado, estes são facilmente recrutados por empresas maiores ou saem para abrir seu próprio negócio.

   b. Em função da escassez de profissionais habilitados, a CBR é obrigada a contratar pessoas sem a habilidade necessária, o que contribui para o aumento das deficiências operacionais da empresa.

   c. A falta de colaboradores conduz à excessiva centralização de atividades e de informações pelo principal dirigente da empresa, o que dificulta a sua dedicação aos aspectos estratégicos da empresa.

6º. **Avanço tecnológico:** A rapidez do avanço tecnológico nessa área tem reduzido o ciclo de vida do produto. Antigamente, o ciclo de vida de uma balança era de aproximadamente dez anos. Atualmente, como são lançados novos produtos a cada ano, os que estão no mercado se tornam obsoletos rapidamente.

Isso faz com que fique difícil conseguir peças para a manutenção das balanças ainda em perfeitas condições de uso, obrigando a troca. O que também dificulta o treinamento de novos técnicos e obriga a adaptação dos antigos.

Diretamente ligada a esse fato, está outra ameaça: a quantidade de lixo eletrônico gerada por impossibilidade de manutenção de equipamentos antigos. A falta de empresas especializadas para o descarte correto acaba criando um problema para a empresa que, por querer agir da forma da forma correta, perde muito tempo desmontando equipamentos antigos e separando componentes para descartá-los.

7°. **Dificuldades para obtenção de peças de reposição:** Alguns fabricantes, com a finalidade de reduzir custos, passaram a adquirir produtos chineses ou mesmo montaram plantas produtivas naquele país. Isso gera dificuldades para obter peças de reposição de produtos de origem chinesa.

8°. **Dependência do setor têxtil:** A CBR possui uma grande parte do seu faturamento concentrado em empresas que atuam no setor têxtil, motivada pela própria vocação da região. Isso faz com que a empresa fique vulnerável às crises no mercado em que atuam seus principais clientes.

9°. **Complexidade do trânsito/dificuldades de cumprir agendamento de visitas:** O trânsito cada vez mais congestionado na região limita os atendimentos externos, condicionando o agendamento de visitas a clientes e aumentando os custos de manutenção dos veículos da empresa. Além disso, corre-se o risco de danificar equipamentos ao transitar por ruas mal conservadas e com maiores possibilidades de ocorrência de acidentes.

10°. **Instabilidade cambial:** A instabilidade cambial provocada pela crise econômica global faz com que haja reajustes constantes na tabela de preços dos fabricantes, nem sempre fáceis de repassar para os clientes.

11°. **Ameaças decorrentes do processo de negociação com os clientes:** Muitos clientes exigem demasiado tempo, conhecimento e até testes para determinação do produto certo para atender às suas necessidades. No entanto, na hora de fechar a compra do equipamento, já com a especificação em mãos, compram de outra empresa com preço inferior ou diretamente da fábrica, não remunerando a CBR pelos gastos efetuados na fase do orçamento.

12°. **Exigências legais:** A empresa enfrenta custos com exigências legais onerosas, como a auditoria anual do Inmetro e a necessidade de prestação de contas mensal, que, além dos custos financeiros envolvidos, exigem também um grande desperdício de tempo por parte dos proprietários, o que em uma empresa com reduzido número de funcionários é bastante impactante.

QUADRO A-02: Resumo das Principais Ameaças e Oportunidades

Oportunidades	Ameaças
1. Amplitude do mercado/facilidades para ampliar a carteira de clientes.	1. Ameaça de ingresso de novos competidores: ATM informática.
2. Barreiras para a entrada de novos concorrentes.	2. Atuação de pequenos concorrentes.
3. Parceria com o fornecedor líder do mercado.	3. Possibilidades de ser obrigado a desocupar o imóvel onde atualmente está localizada a empresa.
4. Referência em assistência técnica para fabricantes.	4. Ameaça de perda de clientes para a concorrência em função da reduzida capacidade de resposta.
	5. Mercado de recursos humanos em situação de escassez.
	6. Avanço tecnológico: a rapidez do avanço tecnológica nesta área tem reduzido o ciclo de vida do produto.
	7. Dificuldades para obtenção de peças de reposição.
	8. Dependência do setor têxtil.
	9. Complexidade do trânsito/ dificuldades para cumprir agendamentos de visitas.
	10. Instabilidade cambial/reajustes constantes na tabela de preços dos fabricantes.
	11. Ameaças decorrentes do processo de negociação com os clientes/ não cobrança da especificação das necessidades de compra.
	12. Exigências legais: custos elevados para cumprir exigências do Inmetro.

Posicionamento Estratégico da CBR

A CBR deve, inicialmente, adotar uma estratégia de crescimento estável (crescimento moderado) com a finalidade de firmar a sua posição no mercado atual, até que venha a ter capacidade para adotar uma estratégia mais agressiva de crescimento. Assim, deve ser adotado o seguinte posicionamento estratégico:

1. **Adequação organizacional**: Inicialmente, a CBR deve tratar de melhorar os procedimentos internos/programação de atividades, com a finalidade de melhorar a sua eficiência operacional e a sua capacidade de resposta aos clientes.

2. **Estratégia de crescimento**: À medida que a empresa consiga melhorar a sua eficiência operacional e a sua capacidade de resposta, poderá iniciar um processo de crescimento através de:

    a. **Crescimento estável para a área de prestação de serviços**: Manter as operações atuais no que diz respeito à prestação de serviços de reparo (sem a pretensão de ampliar esse tipo de atividade – fazer da prestação de serviços de reparo uma atividade secundária).

    b. **Crescimento real para a área comercial**: Em um segundo momento, a CBR poderia experimentar um processo de crescimento/diversificação mais agressivo na área comercial, com a finalidade de estabelecer novas posições de mercado para a empresa.

Objetivos Estratégicos

Os objetivos estratégicos da CBR Balanças foram fixados com a finalidade de facilitar o alcance da situação futura desejada pelo dirigente da empresa.

Área/Setor	Objetivo Estratégico
Administrativa/ financeira	1. Melhorar a eficiência operacional dos processos de controle de vendas e cobrança.
	2. Melhorar os sistemas de gestão e controle gerencial.
	3. Melhorar o sistema de formação de preços.
Técnica	4. Melhorar a eficiência da execução das ordens de serviço.
Comercial	5. Aumentar o volume de vendas.

Planos de Ação

Para que o processo de planejamento estratégico possa trazer resultados efetivos, torna-se necessária a definição de ações mais detalhadas e mais específicas. Assim, os planos de ações estratégicas da empresa apresentam o desdobramento de seus objetivos estratégicos em resultados concretos, segundo os interesses e as necessidades da empresa.

Após os planos de ações estratégicas, seguem as planilhas individuais de atividades, nas quais são relatadas as metas e ações com os respectivos prazos.

QUADRO A-03: Planos de Ação por Objetivo

ÁREA: ADMINISTRATIVA/ FINANCEIRA		OBJETIVO ESTRATÉGICO 01: Melhorar a eficiência operacional dos processos de controle de vendas e cobrança.
META(S)	AÇÃO N°	ESTRATÉGIAS DE AÇÃO
META 1A: Criar capacidade de responder a 100% das solicitações de orçamento de vendas em um prazo de 24 horas até dezembro de 2015. OBS: o não acompanhamento dos orçamentos de vendas efetuados tem gerado muita irregularidade no faturamento da empresa.	1.1	Elaborar um catálogo de balanças com foto e descrição de cada uma.
	1.2	Criar um formulário-padrão para anotar as informações necessárias para elaborar o orçamento de vendas [produto(s), preço, condições de pagamento, prazo de entrega etc.].
	1.3	Implantar um processo padronizado para a execução de orçamento de vendas de acordo com o fluxo a seguir

[Fluxograma: Djohn/Marisa: Atendimento inicial: Anota os dados do cliente para elaboração do orçamento de vendas (anotar no formulário-padrão) → Djohn/Marisa: Realiza negociação com o cliente (por telefone) e determina configuração do equipamento → Cliente solicita orçamento por e-mail? Não/Sim → Fechamento da venda ok. Djohn: Repassa informações para elaborar orçamento de vendas → Marisa: Salva orçamento de vendas com os dados do cliente, do produto e condições → Marisa: Salva orçamento de vendas em PDF e remete para o cliente → Marisa: Mantém contato com cliente para acompanhar histórico do orçamento de vendas. Entradas: Orçamento de vendas em branco; Catálogo de balanças com foto e descrição de cada balança.]

OBS: o prazo máximo entre o primeiro contato com o cliente e a remessa do orçamento de vendas não deve ser superior a 24 horas. |

| RESPONSÁVEL | PRAZO (de cada ação) || RECURSOS NECESSÁRIOS |
	INÍCIO	FIM	
Djohn	24/09/15	30/10/15	R$2.000,00
Djohn	24/09/15	30/10/15	R$1.200,00
Djohn	–	15/12/15	–

ÁREA: ADMINISTRATIVA/ FINANCEIRA		OBJETIVO ESTRATÉGICO 01: Melhorar a eficiência operacional dos processos de controle de vendas e cobrança.
META(S)	AÇÃO Nº	ESTRATÉGIAS DE AÇÃO

META 1B: Aumentar a eficácia dos orçamentos de vendas (*aumentar o percentual de vendas realizadas sobre a quantidade de contatos mantidos*). Aumentar em 30% até dezembro de 2015.	1.4	Criar um sistema de controle (registrar histórico) dos contatos estabelecidos para realizar orçamento de vendas, com anotação das vendas efetivadas:
		• Registrar todos os contatos com clientes no formulário-padrão.
		• Criar uma planilha de controle para anotar:
		  1. Quantos contatos iniciais foram mantidos (quantos formulários de PROPOSTA COMERCIAL foram preenchidos).
		  2. Quantas vendas foram realizadas diretamente por telefone.
		  3. Quantas vendas necessitaram da remessa de orçamento por e-mail.
		  4. Quantos contatos iniciais não resultaram em fechamento de venda.
		• Estabelecer um sistema de controle sobre a eficácia dos contatos mantidos para realizar orçamento de vendas (criar gráfico/tabela para registrar e acompanhar a eficácia dos contatos para vendas): $$\frac{\text{VENDAS EFETIVADAS}}{\text{CONTATOS MANTIDOS}} = \text{EFICÁCIA DOS ORÇAMENTOS DE VENDAS}$$

	1.5	Cumprir a determinação de que o prazo máximo entre o primeiro contato com o cliente e a remessa do orçamento de vendas não seja superior a 24 horas.
	1.6	Telefonar semanalmente para cada um dos clientes com a finalidade de acompanhar o andamento do processo de negociação/efetivação das vendas (registrar histórico dos contatos mantidos).
	1.7	Criar uma tabela de preços de todos os produtos disponíveis para vendas e mantê-la atualizada.
	1.8	Discutir/rever os critérios que devem ser utilizados para estabelecer os prazos de entrega dos produtos vendidos para os clientes.

RESPONSÁVEL	PRAZO (de cada ação)		RECURSOS NECESSÁRIOS
	INÍCIO	FIM	
Marisa	30/10/15	25/11/15	R$1.500,00
Marisa	30/10/15	–	–
Marisa	30/10/15	–	R$500,00
Marisa	–	18/09/15	R$800,00
Marisa	30/09/15	20/10/15	–

ÁREA: ADMINISTRATIVA/ FINANCEIRA		OBJETIVO ESTRATÉGICO 01: Melhorar a eficiência operacional dos processos de controle de vendas e cobrança.
META(S)	AÇÃO Nº	ESTRATÉGIAS DE AÇÃO
META 1C: Reduzir a diferença entre os prazos de pagamento e de recebimento (adequar os prazos concedidos aos clientes aos prazos de pagamento ao fornecedor) até novembro de 2015. OBS: modificar as práticas de concessão de prazos (atualmente, o Sr. Djohn concede prazos para pagamento em 30, 60 e 90 dias, e realiza o pagamento aos fornecedores em 30 e 60 dias).	1.9	Discutir/rever os critérios utilizados para conceder prazos de pagamento para os clientes: ajustar a concessão de prazo de pagamento aos clientes conforme os prazos estabelecidos pelos fornecedores.
	1.10	Agilizar os processos de entrega de balanças e cobrança – executar os procedimentos burocráticos de acordo com o fluxo a seguir:

Fluxograma:
- Cliente realiza pedido
- Existe em estoque?
  - Não → Encomenda balança → Recebe balança → Anota Nº de série e MIC no pedido
  - Sim → Anota Nº de série e MIC no pedido
- Emite boleto e NF
- Programa entrega ou cliente retira a balança, NF e boleto
- Prazo de pagamento igual ou inferior ao concedido pelo fornecedor

RESPONSÁVEL	PRAZO (de cada ação)		RECURSOS NECESSÁRIOS
	INÍCIO	FIM	
Marisa	30/09/15	08/10/15	–
Marisa	20/10/15	30/10/15	–

ÁREA: ADMINISTRATIVA/ FINANCEIRA		OBJETIVO ESTRATÉGICO 02: Melhorar os sistemas de gestão e controle gerencial.
META(S)	AÇÃO Nº	ESTRATÉGIAS DE AÇÃO
Identificar, descrever e racionalizar os principais processos de gestão e controle gerencial da empresa até outubro de 2015.	2.1	Rever/listar as atividades burocráticas atualmente a cargo do Sr. Djohn e identificar aquelas que podem ser descentralizadas. Elaborar quadro com distribuição de atividades para o Sr. Djohn.
	2.2	Definir um cronograma de rotinas para o Sr. Djohn: • Rever/listar as atividades burocráticas atualmente a cargo do Sr. Djohn e identificar aquelas que podem ser descentralizadas. • Marcar reunião para listar as atividades e programar a descentralização. • Determinar dias e períodos para atuar na administração/comercialização e na área técnica da empresa.
	2.3	Racionalizar o processo de controle financeiro da empresa – rever as planilhas em Excel, atualmente utilizadas para realizar o controle de contas a pagar e a receber (verificar se vale a pena comprar um sistema informatizado).
	2.4	Rever o atual sistema de controle de compras realizadas: histórico de encomendas realizadas, produtos recebidos, pagamentos efetuados – criar um quadro de resumo mensal (verificar o que já existe no atual sistema).
	2.5	Criar um fluxo de caixa (discutir a viabilidade de comprar um sistema informatizado).
	2.6	Rever e organizar todas as informações necessárias para atender às exigências legais (exemplo: auditoria anual do Inmetro)

RESPONSÁVEL	PRAZO (de cada ação)		RECURSOS NECESSÁRIOS
	INÍCIO	FIM	
Arnaldo	20/09/15	05/10/15	–
Arnaldo	05/10/15	26/10/15	–
Lugian	20/09/15	30/09/15	R$1.000,00
Lugian	30/09/15	05/10/15	R$1.000,00
Lugian	–	20/10/15	R$1.800,00
Lugian	20/09/15	20/10/15	–

ÁREA: ADMINISTRATIVA/ FINANCEIRA		OBJETIVO ESTRATÉGICO 03: Melhorar o sistema de formação de preços
META(S)	AÇÃO Nº	ESTRATÉGIAS DE AÇÃO
Desenvolver e implantar um sistema de fixação de preços baseado nos custos e na margem de lucro pretendida até novembro de 2015.	3.1	Atualizar, e manter atualizados, os preços das peças de reposição em estoque.
	3.2	Antes de passar o orçamento para o cliente, consultar o fornecedor para atualizar o valor das peças de reposição.
	3.3	Criar uma classificação dos tipos de atividades: 1. Implementar as ações 4.4 (classificar os serviços a serem executados em função da complexidade), 4.5 (classificar os técnicos em níveis de acordo com a complexidade das atividades que realiza) e 4.8 (definir que apenas o Sr. Djohn realize os orçamentos). 2. Listar todas as atividades normalmente realizadas para a execução das OS. 3. Classificar as atividades em três grupos, de acordo com a complexidade: 1, 2 ou 3 – (*1 para a mais complexa e 3 para a menos complexa*). 4. Estabelecer a quantidade de horas por atividade (levar em conta a complexidade cada atividade para estabelecer a quantidade de horas).
	3.4	Definir o valor da hora, levando em conta a margem de contribuição esperada.
	3.5	Instituir um sistema de controle de custos (*custo da hora, salários, impostos, aluguel, energia elétrica etc.*).
	3.6	Definir margem de lucro pretendida.

RESPONSÁVEL	PRAZO (de cada ação)		RECURSOS NECESSÁRIOS
	INÍCIO	FIM	
Lugian	–	14/10/15	R$1.000,00
Lugian	–	14/10/15	R$600,00
Djohn	–	30/11/2015	R$2.000,00
Djohn	–	20/10/15	–
Djohn	–	30/10/15	R$1.200,00
Djohn	–	05/11/15	–

ÁREA: TÉCNICA		OBJETIVO ESTRATÉGICO 04: Melhorar a eficiência da execução das ordens de serviço.
META(S)	AÇÃO Nº	ESTRATÉGIAS DE AÇÃO
Criar condições para definir e cumprir os prazos para a execução das OS até dezembro de 2015.	4.1	Acelerar a contratação do técnico.
	4.2	Realizar um mutirão para esvaziar as prateleiras com balanças esperando a execução de serviços.
	4.3	Definir critérios para estabelecer a ordem de execução dos serviços (*organizar a fila de balanças que necessitam de serviço*): o critério deve estar baseado na data de aprovação do orçamento pelo cliente (*painel Kanban*).
	4.4	Organizar/classificar os serviços a serem executados em função da complexidade: 1, 2 ou 3 – (*1 para o mais complexo e 3 para o menos complexo*).
	4.5	Classificar os técnicos em níveis, de acordo com a complexidade das atividades que realiza: técnico 1, 2 e 3 (*1 para o que realiza as atividades mais complexas e 3 para o que realiza as atividades menos complexas*).
	4.6	Tirar o *telefone* da área técnica.
	4.7	Manter o sistema atualizado sobre o andamento dos serviços para informar aos clientes (abastecer o histórico em tempo real) (*painel Kanban*).
	4.8	Realizar os orçamentos respeitando a ordem de entrada dos equipamentos na empresa (da data mais antiga para a mais recente).
	4.9	Manter um acompanhamento diário dos orçamentos transmitidos para agilizar sua aprovação pelos clientes.

RESPONSÁVEL	PRAZO (de cada ação)		RECURSOS NECESSÁRIOS
	INÍCIO	FIM	
Djohn	–	28/09/15	R$5.000,00
Djohn	30/09/15	05/10/15	–
Djohn	–	16/10/15	–
Djohn	–	23/10/15	–
Djohn	–	30/11/15	–
Djohn	–	30/06/15	–
Djohn	–	13/11/15	–
Marisa	–	30/10/15	–
Marisa	–	30/10/15	–

ÁREA: ADMINISTRATIVA/ FINANCEIRA		OBJETIVO ESTRATÉGICO 05: Aumentar o volume de vendas.
META(S)	AÇÃO Nº	ESTRATÉGIAS DE AÇÃO
Aumentar o volume de vendas em 40% até março de 2016.	5.1	Criar um sistema de marketing para a empresa (propaganda/comunicação com os clientes).
	5.2	Instituir um programa de visitas periódicas aos clientes atuais.
	5.3	Definir a área geográfica para atuação com vendas a novos clientes e mapear pelo menos "X" empresas que se caracterizem como clientes potenciais.
	5.4	Elaborar um cronograma de visitas às empresas mapeadas com a finalidade de abrir oportunidades de vendas.
	5.5	Monitorar a eficácia dos orçamentos de vendas (ver ação 1.4).
	5.6	Rever/modificar o contrato da CBR com o Google.
	5.7	Atualizar semestralmente o site e o Facebook da empresa.

RESPONSÁVEL	PRAZO (de cada ação)		RECURSOS NECESSÁRIOS
	INÍCIO	FIM	
Djohn	–	15/12/15	R$4.000,00
Djohn	–	11/01/16	R$5.000,00/mês
Djohn	–	11/01/16	–
Marisa	–	02/02/16	R$4.000,00
Marisa	–	30/11/15	–
Djohn	–	10/12/15	R$3.000,00
Marisa	–	10/12/15	–

Quadro A-04: Planos de Ações Individuais

RESPONSÁVEL: Djohn

AÇÃO N°	ESTRATÉGIAS DE AÇÃO	PRAZO (de cada ação)		RECURSOS FINANCEIROS NECESSÁRIOS
		INÍCIO	FIM	
1.1	Elaborar um catálogo de balanças com foto e descrição de cada balança.	24/09/15	30/10/15	R$2.000,00
1.2	Criar um formulário-padrão para anotar as informações necessárias para elaborar o orçamento de vendas [produto(s), preço, condições de pagamento, prazo de entrega etc.].	24/09/15	30/10/15	R$1.200,00
1.3	Implantar um processo padronizado para a execução de orçamento de vendas	–	15/12/15	–
3.3	Criar uma classificação dos tipos de atividades/serviços: 1. Implementar as ações **4.4** (classificar os serviços a serem executados em função da complexidade), **4.5** (classificar os técnicos em níveis de acordo com a complexidade das atividades que realiza) e **4.8** (definir que apenas o Sr. Djohn realize os orçamentos). 2. Listar todas as atividades normalmente realizadas para a execução das OS. 3. Classificar as atividades em três grupos, de acordo com a complexidade 1, 2 ou 3 (*1 para a mais complexa e 3 para a menos complexa*).	–	30/11/15	R$2.000,00

RESPONSÁVEL: Djohn				
AÇÃO Nº	ESTRATÉGIAS DE AÇÃO	PRAZO (de cada ação)		RECURSOS FINANCEIROS NECESSÁRIOS
		INÍCIO	FIM	
	4. Estabelecer a quantidade de horas por atividade (*levar em conta a complexidade de cada atividade para estabelecer a quantidade de* horas).	–	–	–
3.4	Definir o valor da hora, levando em conta a margem de contribuição esperada.	–	20/10/15	–
3.5	Instituir um sistema de controle de custos (*custo da hora, salários, impostos,* aluguel, *energia elétrica etc.*).	–	30/10/15	R$1.200,00
3.6	Definir margem de lucro pretendida.	–	05/11/15	–
4.1	Acelerar a contratação do técnico.	–	28/09/15	R$5.000,00
4.2	Realizar um mutirão para esvaziar as prateleiras com balanças esperando a execução de serviços.	30/09/15	05/10/15	–
4.3	Definir critérios para estabelecer a ordem de execução dos serviços (*organizar a fila de balanças que necessitam de serviço*): o critério deve estar baseado na data de aprovação do orçamento pelo cliente (*painel Kanban*).	–	16/10/15	–
4.4	Organizar/classificar os serviços a serem executados em função da complexidade: 1, 2 ou 3 (*1 para o mais complexo e 3 para o menos complexo*).	–	23/10/15	–

RESPONSÁVEL: Djohn				
AÇÃO Nº	ESTRATÉGIAS DE AÇÃO	PRAZO (de cada ação)		RECURSOS FINANCEIROS NECESSÁRIOS
		INÍCIO	FIM	
4.5	Classificar os técnicos em níveis de acordo com a complexidade das atividades que realiza: técnico 1, 2 e 3 (*1 para o que realiza as atividades mais complexas e 3 para o que realiza as atividades menos complexas*).	–	30/11/15	–
4.6	Tirar o *telefone* da área técnica.	–	30/06/15	–
4.7	Manter o sistema atualizado sobre o andamento dos serviços para informar aos clientes (abastecer o histórico em tempo real) (*painel Kanban*).	–	13/11/15	–
4.8	Realizar os orçamentos respeitando a ordem de entrada dos equipamentos na empresa (da data mais antiga para a mais recente).	–	30/10/15	–
4.9	Manter um acompanhamento diário dos orçamentos transmitidos para agilizar sua aprovação pelos clientes.	–	30/10/15	–
5.1	Criar um sistema de marketing para a empresa (propaganda/comunicação com os clientes).	–	15/12/15	R$4.000,00
5.2	Instituir um programa de visitas periódicas aos clientes atuais.	–	11/01/16	R$5.000,00/mês

RESPONSÁVEL: Djohn				
AÇÃO Nº	ESTRATÉGIAS DE AÇÃO	PRAZO (de cada ação)		RECURSOS FINANCEIROS NECESSÁRIOS
		INÍCIO	FIM	
5.3	Definir a área geográfica para atuação com vendas a novos clientes e mapear pelo menos "X" empresas que se caracterizem como clientes potenciais.	–	11/01/16	–
5.6	Rever/modificar o contrato da CBR com o Google.	–	10/12/15	R$3.000,00

RESPONSÁVEL: Marisa				
AÇÃO Nº	ESTRATÉGIAS DE AÇÃO	PRAZO (de cada ação)		RECURSOS FINANCEIROS NECESSÁRIOS
		INÍCIO	FIM	
1.4	Criar um sistema de controle (registrar histórico) dos contatos estabelecidos para realizar orçamento de vendas, com anotação das vendas efetivadas.	30/10/15	25/11/15	R$1.500,00
1.5	Cumprir a determinação de que o prazo máximo entre o primeiro contato com o cliente e a remessa do orçamento de vendas não seja superior a 24 horas.	30/10/15	–	–
1.6	Telefonar semanalmente para cada um dos clientes com a finalidade de acompanhar o andamento do processo de negociação/efetivação das vendas (*registrar histórico dos contatos mantidos*).	30/10/15	–	R$500,00
1.7	Criar uma tabela de preços de todos os produtos disponíveis para vendas e mantê-la atualizada.	–	18/09/15	R$ 800,00
1.8	Discutir/rever os critérios que devem ser utilizados para estabelecer os prazos de entrega dos produtos vendidos aos clientes.	30/09/15	20/10/15	–
1.9	Discutir/rever os critérios utilizados para conceder prazos de pagamento aos clientes: ajustar a concessão de prazo de pagamento aos clientes conforme os prazos estabelecidos pelos fornecedores.	30/09/15	08/10/15	–

RESPONSÁVEL: Marisa				
AÇÃO Nº	ESTRATÉGIAS DE AÇÃO	PRAZO (de cada ação)		RECURSOS FINANCEIROS NECESSÁRIOS
		INÍCIO	FIM	
1.10	Agilizar os processos de entrega de balanças e cobrança.	20/10/15	30/10/15	
4.8	Realizar os orçamentos respeitando a ordem de entrada dos equipamentos na empresa (da data mais antiga para a mais recente).	–	30/10/15	–
4.9	Manter um acompanhamento diário dos orçamentos transmitidos para agilizar sua aprovação pelos clientes.	–	30/10/15	–
5.4	Elaborar um cronograma de visitas às empresas mapeadas com a finalidade de abrir oportunidades de vendas.	–	02/02/16	R$4.000,00
5.5	Monitorar a eficácia dos orçamentos de vendas (ver ação 1.4).	–	30/11/15	–
5.7	Atualizar semestralmente o site e o Facebook da empresa.	–	10/12/15	–

RESPONSÁVEL: Lugian				
AÇÃO Nº	ESTRATÉGIAS DE AÇÃO	PRAZO (de cada ação)		RECURSOS FINANCEIROS NECESSÁRIOS
		INÍCIO	FIM	
2.3	Racionalizar o processo de controle financeiro da empresa – rever as planilhas em Excel, atualmente utilizadas para realizar o controle de contas a pagar e a receber (*verificar se vale a pena comprar um sistema informatizado*).	20/09/15	30/09/15	R$1.000,00
2.4	Rever o atual sistema de controle de compras realizadas: histórico de encomendas realizadas, produtos recebidos, pagamentos efetuados – criar um quadro de resumo mensal (*verificar o que já existe no atual sistema*).	30/09/15	05/10/15	R$1.000,00
2.5	Criar um fluxo de caixa (*discutir a viabilidade de comprar um sistema informatizado*).	–	200/10/15	R$1.800,00
2.6	Rever e organizar todas as informações necessárias para atender às exigências legais (exemplo: auditoria anual do Inmetro).	20/09/15	2010/15	–
3.1	Atualizar, e manter atualizados, os preços das peças de reposição em estoque.	–	14/10/15	R$1.000,00
3.2	Antes de passar o orçamento para o cliente, consultar o fornecedor para atualizar o valor das peças de reposição.	–	14/10/15	R$600,00

RESPONSÁVEL: Arnaldo (Consultor)				
AÇÃO Nº	ESTRATÉGIAS DE AÇÃO	PRAZO (de cada ação)		RECURSOS FINANCEIROS NECESSÁRIOS
		INÍCIO	FIM	
2.1	Rever/listar as atividades burocráticas atualmente a cargo do Sr. Djohn e identificar aquelas que podem ser descentralizadas: Elaborar quadro com distribuição de atividades para o Sr. Djohn.	20/09/15	05/10/15	–
2.2	Definir um cronograma de rotinas para o Sr. Djohn. • Rever/listar as atividades burocráticas atualmente a cargo do Sr. Djohn e identificar aquelas que podem ser descentralizadas. • Marcar reunião para listar as atividades e programar a descentralização. • Determinar dias e períodos para atuar na administração/ comercialização e na área técnica da empresa.	05/10/15	26/10/15	–

Referências

ANDRADE, Arnaldo Rosa de. **Planejamento Estratégico**: Formulação, implementação e controle, São Paulo: Atlas, 2018.

ANDREWS, Kenneth R. **The Concept of Corporate Strategy**, Illinois: Dow Jones-Irwin, 1971.

ANDREWS, Kenneth R. O conceito de estratégia. In: MINTZBERG, Henry; LAMPEL,Joseph; QUINN, James Brian; GHOSHAL, Sumantra, **O Processo da Estratégia:** Conceitos, contextos e casos selecionados. Porto Alegre: Bookman, 2006.

ANHOLON, Rosley; ZOQUI, Eugênio José; PINTO, Jefferson de Souza; MORETTI, Diego de Carvalho. Características Administrativas de Micro e Pequenas Empresas: Confronto entre a teoria e a prática. **Metrocamp Pesquisa**, v. 1, n. 1, p. 88-103, jan/jun 2007.

ANSOFF, H. Igor. **Estratégia Empresarial**, São Paulo: McGraw-Hill, 1977.

ANSOFF, Igor H.; DECLERCK, Roger P.; HAYES, Robert. **Do Planejamento Estratégico à Administração Estratégica**, São Paulo: Atlas, 1981.

ARNOLD, J. R. Tony. **Administração de Materiais**: Uma introdução, São Paulo: Atlas, 2009.

BARNEY, Jay. Firm resources and sustained competitive advantage, **Journal of Management**, V. 17, N. 1, 1991, p. 105-112.

BARNEY, Jay B.; HESTERLY, William S. **Administração Estratégica e Vantagem Competitiva:** Conceitos e casos, São Paulo: Pearson Prentice Hall, 2011.

BLAU, Peter M.; SCOTT, W. Richard. **Organizações Formais:** Uma abordagem comparativa, São Paulo: Atlas, 1979.

BRAGA, Roberto. **Fundamentos e Técnicas de Administração Financeira**, São Paulo: Atlas, 2013.

CBR Balanças, **Blumenau - SC**, Planejamento estratégico, 2015.

CAMPOS, Eduardo Bueno. **Dirección Estratégica de la Empresa:** Metodologia, técnicas y casos, Madrid: Pirámide. 1996.

CARAVANTES, Geraldo R.; PANNO, Claudia C.; KLOECKNER, Mônica C. **Administração:** Teoria e processo. São Paulo: Pearson |Prentice Hall, 2006.

CAVALCANTI, Marly; FARAH, Osvaldo E.; MELLO, Álvaro A. A. **Diagnóstico Organizacional:** Uma metodologia para pequenas e médias empresas, São Paulo, Loyola, 1981.

CEF, Disponível em: <http://www1.caixa.gov.br/relatorio_sustentabilidade_2013/a--caixa.html>. Acesso em 11/07/2016.

CERTO, Samuel C.; PETER, J. Paul. **Administração Estratégica:** Planejamento e implementação da estratégia, São Paulo: Pearson Education do Brasil, 2010.

CHANDLER, Alfred D. Jr. **Strategy and Structure:** Chapters in the history of american industrial enterprise, Cambridge, MA: MIT PRESS, 1962.

Cia. Hering. Disponível em <http://www.ciahering.com.br/novo/pt/empresa/historia>. Acesso em 28/06/2017.

Cia União. Disponível em: <https://www.ciauniao.com.br/produtos>. Acesso em 01/05/2017.

COPE, Robert G. Strategic planning, management, and decision making, Washington, D. C.: **American Association for Higher Education** AAHE/ERIC Higher Education Research Report, N. 9, 1981.

CRAIG, James; GRANT, Robert. **Gerenciamento Estratégico**, São Paulo: Littera Mundi, 1999.

COSTA, Elizier Arantes. **Gestão Estratégica:** Construindo o futuro de sua empresa - Fácil, São Paulo: Saraiva, 2012.

_____. **Gestão Estratégica:** Da empresa que temos para a empresa que queremos, São Paulo: Saraiva, 2007.

DAFT, Richard L. **Organizações**: Teoria e projetos, São Paulo: Cengage Learning, 2008.

_____. **Administração**, São Paulo: Cengage Learning, 2010.

DESS, Gregory G.; LUMPKIM, G. T. EISNER, Alan B e McNAMARA, Gerry. **Administração Estratégica:** Criando vantagens competitivas, Rio de Janeiro: Alta Books, 2016.

DIAS, Marco Aurélio P. **Administração de Materiais**: Princípios, conceitos e gestão, São Paulo: Atlas, 2012.

DIERICKX, Ingemar; COOL, Karel. **Assets Stock Accumulation and Sustainability of Competitive Advantage**, Management Science, Vol. 35, N. 12, Dezembro de 1989, p. 1504-1513.

DRUCKER, Peter F. **Administração, Tarefas, Responsabilidades, Práticas**, São Paulo: Pioneira, 1975.

_____. **Prática da Administração de Empresas**, São Paulo: Pioneira, 1981.

EPISE, **Barcelona**, Disponível em: <http://epise.com/quienes-somos/>. Acesso em 24/06/2016.

FAYOL, Henri. **Administração Industrial e Geral**, São Paulo: Atlas, 1984.

GOOGLE. Disponível em: <https://www.google.com/intl/pt-BR/about/>. Acesso em 14/06/2016.

GRANT, Robert M. **Dirección Estratégica:** Conceptos, técnicas y aplicaciones, 1. Ed. Madrid: Civitas, 1996.

_____. The resource-based theory of competitive advantage: implications for strategy formulation, **California Management Review**, spring, 1991, p. 114-135.

HALL, Richard H. **Organizaciones:** Estructuras, procesos y resultados, México: Prentice Hall, 1996.

HARRISON, Jeffrey S. **Administração Estratégica de Recursos e Relacionamentos**, Porto Alegre: Bookman, 2005.

HILL, Charles W. L.; JONES, Gareth R. **Administración Estratégica:** Un enfoque integrado, Santafé de Bogotá: McGraw-Hill, 1996.

_____. **O Essencial da Administração Estratégica:** Casos reais e aplicação prática da teoria, São Paulo: Saraiva, 2013.

IRELAND, R. Duane; HOSKISSON, Robert E; HITT, Michael A. **Administração Estratégica**. São Paulo: Cengage Learning, 2014.

ITAMI, Hiroyuki. **Los Activos Invisibles**, em CAMPBELL, Andrew; LUCHS, Kathlenn Sommers. **Sinergia Estratégica**. Bilbao: Deusto, 1994.

IZQUIERDO, Francisco J. Palom; RAVENTOS, Lluis Tort. **Management en Organizaciones al Servicio del Progreso Humano**, Madrid: ESPASAS-ES-CALPE, 1991.

JOHNSON, Gerry; SCHOLES, Kevan. **Dirección Estratégica:** Análisis de la estrategia de las organizaciones, Madrid: Prentice Hall, 1996.

JOHNSON, Gerry; SHOLES, Kevan, WHITTINGTON, Richard. **Fundamentos de Estratégia**, Porto Alegre, Bookman, 2011.

KAPLAN, Robert S.; NORTON, David P. **A Estratégia em Ação:** Balanced scorecard, Rio de Janeiro: Campus, 1997.

_____. **Mapas Estratégicos:** Convertendo ativos intangíveis em resultados tangíveis, Rio de Janeiro: Elsevier, 2004.

KAST, Fremont E.; ROSENZWEIG, James E. **Administración en las Organizaciones**: Enfoque de sistemas y de contingencias, México: McGraw-Hill, 1994.

KLUYVER, Cornelis A. de; PEARCE II. **Estratégia:** Uma visão executiva. São Paulo: Pearson/Prentice Hall, 2006.

KOTLER, Philip. **Marketing**, São Paulo: Atlas, 1991.

LACOMBE, Francisco José Masset; HEILBORN, Gilberto Luiz José. **Administração:** Princípios e tendências. São Paulo: Saraiva, 2006.

LACOMBE, Francisco José Masset. **Recursos Humanos**: Princípios e tendências, São Paulo: Saraiva, 2005.

LAWRENCE, Paul R.; LORSCH, Jay W. **O Desenvolvimento de Organizações**: Diagnóstico e ação, São Paulo, editora Edgard Blücher Ltda., 1972.

_____. **As Empresas e o Ambiente**: Diferenciação e integração administrativas, Petrópolis, Vozes, 1973.

LAZZARINI, Sérgio. **A Influência do Governo na Estratégia das Empresas.** Disponível em: < http://exame.abril.com.br/blog/instituto-millenium/a-influencia-do-governo-na-estrategia-das-empresas>. Acesso em 08/06/2017.

LONGENECKER, Justin G.; MOORE, Carlos W.; PETTY, J. Willian. **Administração de Pequenas Empresas**. São Paulo: Makron Books, 2004.

LUSSIER, N. Robert, REIS, Ana Carla Fonseca, FERREIRA, Ademir Antonio. **Fundamentos de Administração**. São Paulo: Cengage Learning, 2010.

MENGUZZATO, Martina; RENAU, Juan José. **La Dirección Estratégica de la Empresa:** Un enfoque innovador del management, Barcelona: Ariel, 1992.

MERTON, Robert K. **Estrutura Burocrática e Personalidade**, em ETZIONI, Amitai. **Organizações Complexas:** Estudo das organizações em face dos problemas sociais, São Paulo: Atlas, 1981.

MILES, Raymond E.; SNOW, Charles C. **Organizational Strategy, Structure and Process,** Tokio: Mc Graw-Hill Kogakusha, Ltda., 1978.

MINTZBERG, Henry, A Organização Empreendedora. In: MINTZBERG, Henry; LAMPEL, Joseph, QUINN, James Brian; GHOSHAL, Sumantra. **O Processo da Estratégia**: Conceitos, contextos e casos selecionados. Porto Alegre, Bookman, 2006.

_____. A estrutura das organizações. In: MINTZBERG, Henry; LAMPEL, Joseph, QUINN, James Brian; GHOSHAL, Sumantra. **O Processo da Estratégia**: Conceitos, contextos e casos selecionados. Porto Alegre, Bookman, 2006.

MONTGOMERY, Cyntia A.; PORTER, Michael E. **Estratégia**: A busca da vantagem competitiva, Rio de Janeiro: Campus, 1998.

MOREIRA, Daniel Augusto. **Administração da Produção e Operações**, São Paulo: Pioneira Thomson Learning, 2004.

MOTTA, Fernando C. Prestes, PEREIRA, Luiz C. Bresser Pereira. **Introdução à Organização Burocrática**. São Paulo, Editora Brasiliense, 1981.

NAIDITCH, Suzana. **Da Cabeça aos Pés**, EXAME, SP, N. 5, p. 88-90, 07/03/2001.

PAGNOCELI, Dernizo; VASCONCELLOS FILHO, Paulo de. **Sucesso Empresarial Planejado**, Rio de Janeiro: Qualitymark, 1992, p. 82.

PARSONS, Talcott. **O Sistema das Sociedades Modernas**, São Paulo:, Editora Pioneira, 1974, p. 44-47.

PERROW, Charles B. **Análise Organizacional:** Um enfoque sociológico, São Paulo: Atlas, 1976, p. 167-168.

PETERAF, Margaret A. The cornestones of competitive advantage: a resource-based view, **Strategic Management Journal**, V. 14, 1993, p. 179-191.

PFEFFER, Jeffrey **Organizaciones y Teoría de las Organizaciones**. México: Fondo de Cultura Económica, 1992.

Poder Judiciário do Estado de Santa Catarina, Disponível em: <http://www.tjsc.jus.br/missao-e-visao>. Acesso em 1º/03/2017.

PORTER, Michael E. **Ventaja Competitiva:** Creación y sostenimiento de un desempeño superior, México: CECSA, 1994a.

_____. **Estrategia Competitiva:** técnicas paral el análisis de los sectores industriales y de la competencia, México: CECSA, 1994b.

_____. **Competição – on competition**: Estratégias competitivas essenciais. Rio de Janeiro: Campus, 1999.

PORTER, Michael et al. **Estratégia e Planejamento**. São Paulo: Publifolha, 2002 (coletânea HSM Management).

ROBBINS, Stephen P. **Administração:** Mudanças e perspectivas, São Paulo: Saraiva, 2000.

RUMELT. Richard P. Towards a strategic theory of the firm, In R. Lamb Ed., **Competitive Strategic Management**, Englewood Cliffs, NJ: Prentice Hall, 1984, p. 556-570.

SANVICENTE, Antônio Zoratto. **Administração Financeira**, São Paulo: Atlas, 2013.

SEBRAE – Serviço Brasileiro de Apoio às Micro e Pequenas Empresas. Disponível em: < http://www.sebrae.com.br/sites/PortalSebrae/canais_adicionais/conheca_estrategia# >. Acesso em 15/07/2016.

SOBRAL, Filipe; PECI, Alketa. **Administração**: Teoria e prática no contexto brasileiro. São Paulo: Pearson Education do Brasil, 2013.

SOUZA, Edela Lanzer Pereira de. **Clima e Cultura Organizacionais**, São Paulo: Edgard Blucher, 1978.   STEINER, George A. Planificación de la alta dirección, Barañáin (Navarra): EUNSA., 1994

STONER, James A. F.; FREEMAN R. Edward. **Administração**, Rio de Janeiro: Prentice Hall, 1995.

TAVARES, Mauro Calixta. **Gestão Estratégica**, São Paulo: Atlas, 2005.

THOMPSON JR. Arthur; STRICKLAND III, A.J. **Planejamento Estratégico:** Elaboração, implementação e execução. São Paulo: Pioneira Thompson Learning, 2004.

TZU, Sun. **A Arte da Guerra**, 19. ed. Rio de Janeiro: Record, 1997.

_____. **A Arte da Guerra** – Os documentos perdidos, 3. ed. Rio de Janeiro: Record, 1997.

VASCONCELLOS FILHO, Paulo de; PAGNONCELLI, Dernizo. **Construindo Estratégias para Vencer:** Um método prático, objetivo e testado para o sucesso da sua empresa, Rio de Janeiro: Campus, 2001.

WEBER, Max. **Economía y Sociedad**. México: Fondo de Cultura Económica. v. 1, 1969.

_____. **Ensaios de Sociologia**, Rio de Janeiro: Zahar Editores, 1979.

WEINSTEIN, Art. **Segmentação de mercado**, São Paulo: Atlas, 1995.

ÍNDICE

A

abastecimento, 45
ações
  coletiva, 3
  específicas, 100
  programadas, 123
Administração de recursos humanos, 45
ambiente
  externo, 33, 47, 61
  geral, 62, 77
  operacional, 62, 63
ameaças, 61, 62, 63, 76, 79, 92
  ameaça de ingresso de novos competidores, 65
  de produto substituto, 70
análise
  da atratividade, 73, 83
  da capacidade de produção da empresa, 51
  externa, 95
  interna, 95
  sistemática, 43
  SWOT, 33, 61, 62

áreas funcionais, 47
arranjo físico das instalações, 50
atitudes, 56
atividades
  de apoio, 45
  estrategicamente relevantes, 44
  funcionais, 46
  operacionais de vendas, 48
  primárias, 44
  secundárias, 44
atratividade, 72
autoridade
  de assessoria, 128
  de linha, 128

B

barreiras de entrada, 65
benefícios, 20

C

cadeia de valor, 43, 44, 46
canais de distribuição, 67, 68
capacidades, 40
  funcionais, 41
caracterização da Empresa, 13

centralização, 130

   centralização de poder, 59

clientes, 20, 28, 39, 66, 85, 96, 134

   cliente imediato, 24

   clientes-alvo, 97

clima organizacional, 55

competência, 28, 41

   distintiva, 37

   essenciais, 42

composto de comunicação, 49

compras, 16

concorrência, 48

consumidor, 24, 78

   consumidores finais, 24

controle, 93

   de estoque, 17

coordenação, 3, 125

crenças, 56

crescimento, 88

   crescimento integrado, 88

   diversificado, 89

   intensivo, 86

critérios racionais, 133

cultura organizacional, 55

curso de ação, 78

curva ABC, 52

D

decisões, 4

   decisão/ação, 2

definição do negócio, 20

departamentalização, 133

   Funcional, 133

   por Cliente, 134

   por Processo, 135

   por Produto, 134

   por Projetos, 136

   por Região, 135

descentralização, 130

desempenho, 14, 18, 28, 53, 78

desenvolvimento, 88

   de mercado, 87

   de tecnologia, 45

diagnóstico, 2, 13

   diagnóstico inicial, 46

diferenciação, 34, 128

   dos produtos, 66

   horizontal, 133

dificuldades

   estruturais e conjunturais, 57

   gerenciais, 2

dirigentes, 6, 20, 80, 126

   máximo, 5, 59

distribuição, 49
diversificação
  concêntrica, 89
  conglomerada, 90
  horizontal, 89
divisão do trabalho, 128

E

economias de escala, 65
efeito
  complementar, 39
  sinérgico, 39
eficácia, 27, 39
eficiência, 39
empresa privada, 19
estoque mínimo, 110
estratégia
  competitiva, 64, 72
  de crescimento estável, 85
  de crescimento real, 85
  de estabilidade, 84
  de sobrevivência, 47, 84
  estratégias funcionais, 47
Estrutura
  Funcional, 132
  Matricial, 132
  Multidivisional, 132
  Organizacional, 126, 130
  Simples, 131
Exigências de capital, 66

F

falso ponto forte, 35
fatores internos, 10, 33, 34, 62
feedback, 53
finança, 18, 99
forças competitivas, 64, 87
formalização, 126
fornecedores, 72
Função
  de distribuição, 75
  de fornecimento, 75

G

gerentes, 3, 37, 57, 92, 127
gestão de pessoas, 17, 52
governo, 76
grandes empresas, 5, 58, 66, 133
grupos de interesses especiais, 77

H

habilidades, 40
hierarquia, 5

I

implementação, 5, 28, 102, 116
informações, 13, 16, 48
informalidade, 2, 57, 125
infraestrutura da empresa, 45
instituições financeiras, 76
integração, 129
  horizontal, 89
  para frente, 88
  para trás, 88
intervenções na empresa, 13

L

Logística
  externa, 45
  interna, 44
  logística/materiais, 51, 98
lucratividade, 73

M

margem, 44
marketing, 17, 47
  Marketing e vendas, 45
  marketing/vendas, 96
mercado
  de recursos humanos, 76
  de trabalho, 76
metas, 92
  específicas, 102
  operacionais, 100
mídias sociais, 76
missão, 10, 22, 91, 92, 95
modelo cinco forças competitivas, 64
motivação, 93
mudanças
  competitivas, 3
  de fornecedor, 66

N

negócio, 10, 20, 95
neutralização de ameaças, 37, 62
nível
  institucional, 5
  intermediário, 5
  operacional, 6
normas, 56

O

objetivos, 91, 92, 93, 116
  objetivos estratégicos, 11, 91, 96, 99, 100, 102, 104
  organizacionais, 40

obstáculos, 57
oito áreas-chave, 94
operações, 45
oportunidades, 61, 62, 63, 76, 79, 92
organização, 93
    Organização na Pequena Empresa, 125
organograma, 14

P

participação do mercado, 48
penetração de mercado, 87
pequenas empresas, 5, 14, 30, 46, 58, 71, 93, 101, 125
planejamento, 93
    e controle da produção, 50
    estratégico, 7, 9, 91, 93, 101, 116
    informal, 93
    operacional, 7
    tático, 7
planejamento formal, 3, 125
plano de ações, 92, 104
planos
    de ações individuais, 116, 123
    de ações por objetivos, 102
poder, 72, 77

poder de negociação, 71
    dos compradores, 71
    dos fornecedores, 72
Poder e Autoridade, 127
ponto
    ponto neutro, 34
    pontos fortes, 34, 57, 58
    pontos fracos, 35, 57, 59
posição de liderança, 29
posicionamento estratégico, 10, 83, 95
preço, 48
processo
    de crescimento/diversificação, 86
    de planejamento, 3
produção, 17
    produção/operações, 49, 97
produto, 48
    produtos substitutos definitivos, 70
    produtos substitutos ocasionais, 70
propósito fundamental, 20

R

recrutamento de pessoal, 18, 110
recursos, 57
    empresariais, 36
    financeiros, 53

humanos, 17, 52
humanos/gestão de pessoas, 98
intangíveis, 36
tangíveis, 36
rentabilidade, 35, 85
reputação de uma empresa, 41
resultados, 116
reuniões periódicas, 123
rivalidade, 68
rivalidade ampliada, 65
rotinas, 40
operacionais, 3

S

satisfação dos clientes, 97
segmentação de mercado, 23
seleção de pessoal, 7, 16, 17, 52, 98
serviços, 45
setor industrial, 63, 71
sindicatos de trabalhadores, 76
sistema de planejamento empresarial, 7
sistêmico, 4
stakeholders, 28

T

tarefas, 23, 59
tomada de decisão, 6
treinamento de pessoal, 18

U

usuário, 22, 87, 91, 134

V

valores, 56
valor para os clientes, 43
vantagem
competitiva, 34, 43
de combinação, 39
variáveis
culturais, 80
demográficas, 81
ecológicas, 81
econômicas, 78
legais, 79
políticas, 79
sociais, 80
tecnológicas, 80
veículos de comunicação, 76
vendas, 17, 48
visão, 92
visão estratégica, 10, 27, 91, 95
visão míope, 20

CONHEÇA OUTROS LIVROS DA ALTA BOOKS!

Negócios - Nacionais - Comunicação - Guias de Viagem - Interesse Geral - Informática - Idiomas

Todas as imagens são meramente ilustrativas.

SEJA AUTOR DA ALTA BOOKS!

Envie a sua proposta para: autoria@altabooks.com.br

Visite também nosso site e nossas redes sociais para conhecer lançamentos e futuras publicações!
www.altabooks.com.br

/altabooks   /altabooks   /alta_books

ALTA BOOKS
GRUPO EDITORIAL